性教育的关键在父母

0～12岁儿童性教育指南

尹己秀 著

世界图书出版公司
北京·广州·上海·西安

图书在版编目（CIP）数据

性教育的关键在父母：0～12岁儿童性教育指南 / 尹己秀著. — 北京：世界图书出版有限公司北京分公司，2023.6
ISBN 978-7-5192-8700-9

Ⅰ. ①性… Ⅱ. ①尹… Ⅲ. ①性教育－儿童教育－家庭教育 Ⅳ. ①G479 ②G78

中国版本图书馆CIP数据核字（2022）第053278号

书　　名　性教育的关键在父母：0～12岁儿童性教育指南
　　　　　XINGJIAOYU DE GUANJIAN ZAI FUMU：0～12 SUI ERTONG XINGJIAOYU ZHINAN
著　　者　尹己秀
责任编辑　程　曦

出版发行　世界图书出版有限公司北京分公司
地　　址　北京市东城区朝内大街137号
邮　　编　100010
电　　话　010-64038355（发行）64033507（总编室）
网　　址　http://www.wpcbj.com.cn
邮　　箱　wpcbjst@vip.163.com
销　　售　各地新华书店
印　　刷　三河市国英印务有限公司
开　　本　880 mm×1230 mm　1/32
印　　张　8.5
字　　数　155千字
版　　次　2023年6月第1版
印　　次　2023年6月第1次印刷
国际书号　ISBN 978-7-5192-8700-9
定　　价　49.00元

推荐序

我们因性而生，大多数家长也都是通过性行为的方式让自己的基因得以传承，拥有了自己的孩子。可是，很多家长却不敢/不愿意/不能把这些告诉孩子。曾经有剖宫产经历的妈妈感慨说：“幸亏是剖的，如果孩子问我他是从哪儿来的，我就告诉他‘是医生在我肚子上划了个口儿把你取出来的’，这样多简单呐！要是顺产就麻烦啦！”做都做了，生都生了，人们却不敢说。我们都说孩子是“爱的结晶”，但等到要跟孩子讲的时候，却认为他们是“羞羞的结果”。

做性教育的这些年，我遇到过很多这样的家长，他们中有些人会掩耳盗铃地假装看不到孩子的性发育过程，也看不到孩子对性知识的渴望。还有一些家长，坚信孩子能够在性方面无师自通，“长大了就懂了”，而没有去思考，孩子“无师自通”并不是没有信息来源，只是获取性信息的途径不是老师、不是学校，也不是家长。他是通过同学、朋友或者互联网等获取性信息的，至于学到的内容是否正确那就不得而知了。

当然，还有很多家长是具备性教育意识的。当孩子问与性相关的问题时，他们不想再欺骗孩子，他们想让孩子拥有科学正确的性知识，具备性别平等的意识，能尊重别人也能对自己负责。然而，他们缺少合适的方法。我认为，尹己秀老师的这本书最主要的就是帮助这部分家长行动起来。能给本书写序言，我感到非常荣幸。我和尹己秀老师是2017年认识的。当时，她报名参加希希学园的志愿者教师，去打工子弟学校给孩子们讲性教育课程。在沟通过程中，我发现尹己秀老师已经有了深厚的理论基础和丰富的实践经验，并且形成了自己独特的风格。恰逢那时我们要在北京昌平木兰花开社区开设亲子性教育课程，就邀请尹己秀老师一起备课、授课。在那次的合作中，尹己秀老师看到社区家长除了需要性教育知识外，对心理学、家庭教育的一些基本理念、方法也有很大需求，所以她就在性教育课程之外，又给家长们补充了相关内容的培训，并深受家长们的欢迎。本书的每个性教育问题后边还附有“心理小知识”，这就像很多电影后边的彩蛋一样，让人期待——即使片尾曲响起，也舍不得离开影院。

其实，看性教育书籍真的像看电影一样，同一本书大家可能看出不同的感受。在给这本书写序的过程中，我就文中很多细节和尹己秀老师进行过深入探讨。有的时候，我们的有些观点的确会不同，但更多时候，我们的观点是一致的，而单薄的文字可能会让我们误会彼此的意思。性教育不同于一些理工科的教育，比如一道奥数题通常是有标准答案的，但性教育很可能没有。为什么会这样呢？

首先，性教育是涉及价值观的教育，不同的家长会有不同的价值观，具体到每件事上，更是会有不同的标准。大家在阅读这本书时也会发现，很多教育方法里都包含着尹己秀老师本人的价值观，表达了她对身体、性别、欲望和性的态度和观点。因为每个人都可能有不同的观点，所以，性教育并没有标准答案。

此外，还有一个原因，那就是每个孩子都是不同的，所以，教育方法也会不同，这就是我们常说的“因材施教”。比如说，对一个性格胆大但有些莽撞的孩子，你可能会通过经常提醒他“不要离开家长的视线”来保证他的安全。但对一个胆小甚至有社交恐惧的孩子，你就不要整天给他讲性侵犯到底是怎么发生的，这样可能会吓坏他的。家长要全方位考虑孩子的发展，不能因为担心孩子的安全就阻止孩子社交！

另外，不同年龄段、不同认知水平、不同性发展阶段的孩子也都需要不同的性教育方法。在本书中，尹己秀老师分0～6岁、7～12岁两个阶段为家长介绍各种性教育方法。每个孩子都有他自己的成长规律，我们要顺应孩子本身的规律，而不是专家的标准。

综合以上诸多原因，我一直觉得写给中国家长的性教育书籍实在太少了。即使是奥数题，虽有标准答案，最终结果只有一个，但是题目有各种不同的解法，中间过程各不相同。性教育更应该如此。毕竟不是每个孩子都需要奥数，但性发展是每个孩子都要经历的。所以，希望大家的性教育不要止步于这一本书，可以阅读更多相关书籍，也更应该把书中的方法运用到亲子教育的实践中。如今，我们的孩子能享受到的正规性教育和10年前、20年前、30年前仍然没什么差别。我们不能指望改变会从天而降，要通过自己的微小努力，从自己的孩子做起、从自己的身边做起，改变性教育的现状。祝各位读者性生理健康！性心理健康！性关系健康！全面性健康！

希希学园　韩雪梅

2023年5月

目录

第一部分：0～6岁性教育

第二部分：7～12岁性教育

第一部分

0～6岁性教育

概论

0～6岁儿童的性发展和性教育启蒙

做孩子的第一任性教育老师

在今天，因为社交媒体的广泛宣传，家长们对性教育有了更多的了解，但仍然有很多家长会心存疑虑：孩子这么小，对他进行性教育，真的有必要吗？

首先我们来讲讲，为什么儿童也需要接受性教育。

现代社会资讯发达，接触性话题已经太容易，拒绝性话题看起来才比较困难。真话、谣言常常混杂在一起，给性无知者或者拥有错误性知识的人带来了更多的性恐惧或者性焦虑。因此，你要考虑的是，你愿不愿意成为孩子成长过程中需要的性知识的来源，愿不愿意让孩子把对性的好奇依附在自己的身上。

你，愿不愿意成为孩子生命中的第一任性教育老师？

0～6岁正是孩子性发展的萌芽期，是性心理发展的关键时期，同时也是孩子的基础人格建构的关键时期。这个阶段的孩子，无论是询问关于身体或性的问题，还是行为上表现出各式各样的有关性的行为，很多时候都显得纯真可爱。这个时候你对性教育的知识会为你引导孩子健康的性发展奠定非常扎实的基础，让你可以比较轻松地应对，从而帮助孩子建构健康的人格。

因此，你如果带着性教育意识去养育孩子，就会在这个过程中逐渐找到性教育的正确方法。关心孩子的性发展，学习相关的性知识，沟通简单的性问题，这些都会为后面解决更加复杂的性问题奠定基础。而你也能在这个过程中逐渐地建构家长在面对孩子性发育过程中出现的问题时所需要的能力，进而更多地打开自己的性教育视野，尽可能地养育出性健康的孩子。

你需要做哪些准备？

那么，应该怎么来进行家庭性教育呢？

对儿童进行性教育是如此迫切，但进行性教育却并不是一件人人都能做到的事。在目前中国高度追求智商教育但整体缺失性教育环境的情况下，家庭性教育承担了很重要的责任。因此在孩子出生后，家长就需要开始带着性教育意识，为跟进孩子的性发展以及提供孩子成长过程中必要的性教育做好准备。

这些准备包括：

1. 了解性教育的内容，不能用经验和道听途说的性知识、性观念来教育孩子

你需要学习基础的性生理与性心理知识，了解孩子在不同阶段的性发展，以及表现出的与性有关的行为。只有这样，当孩子提出问题的时候，你才不会以自己有限的经验判断这是不对或不可以的，进而简单粗暴地呵斥他或者拒绝回答问题。若有了正确的性知识，在准备回答孩子的问题时，你就会逐渐知道，什么样的表达是合适的，是这个年龄段的孩子可以理解的。

2. 日常生活中，建立可以跟孩子平等讨论任何话题的亲子关系

在建立良好亲子关系的基础上，你还需要拥有良好的性态度，接纳孩子对性的好奇——不能以负面态度对待孩子，因为你的态度会影响到孩子对性的态度。孩子日后对自己、对他人、对世界的看法，在很大程度上都受制于童年时期与父母的互动关系。性发展同样如此。健康的性人格多半是在父母日常与孩子就性问题展开的平等坦诚的交流的过程中培养的。

3. 掌握性教育的方法

比如，要有问有答，不要回避或者欺骗孩子；把握机会，只要孩子提问就回答，就算孩子没提问也要找机会施教；当发现孩子有异常表现或者不舒服时，要注意观察并对其进行特别的辅导；选择好的教材，别不小心提供了恐惧教育。

随着孩子长大，你会遇到越来越多需要直面有关孩子成长与性的议题的情境。

在处理孩子成长过程中的性问题时，首要的原则是：处理方法能够增进孩子的健康。

这里的健康涵盖两个方面：一个是生理健康，包括不染患性病、避免意外怀孕、远离性侵和暴力；另一个是心理健康，包括拥有享受性欢愉的能力、选择爱与性的心灵自由、能引导自己做出正确选择的价值观，以及坚强的自尊。

0～3岁儿童的性发展特点

很多人很难理解0～3岁的婴幼儿的性发展是怎么进行的。实际上，生物学意义上的性发展在妈妈怀孕期间就开始了。有一句话说，性贯穿人的一生，从出生到死亡。

为什么这么说呢？

新的超声波技术已经证实，男性的性反应系统是在胎儿时期开始发展的。男胎儿在差不多12周以后才开始有呼吸功能，而在大约16周就开始出现阴茎勃起反应；虽然女胎儿性兴奋的表现不那么容易被观察到，但在16周左右的时候，女胎儿的阴道也开始拥有润滑能力。

在生命最初的几个月里，女婴儿开始发现她们的身体，并在7～8个月时发现自己的手指和脚趾。大约同一时期，男孩子们发现他们的阴茎。一般来说，女孩大约在10个月的时候开始发现她们的阴部。婴幼儿喜欢把手指或脚趾放进嘴里，也爱触摸自己的生殖器。男婴儿的阴茎会在他们晚上睡觉、哭闹、咳嗽、紧绷身体和尿尿的时候勃起。科学家们也相信女婴儿的阴道常常会湿润，只是这不容易被观察到而已。

随着婴幼儿再大一些，婴幼儿会逐渐对身体产生好奇，不仅对自己的身体，也对别人的身体有着无可抑制的好奇心。他们喜欢光着身子，并且对自己身体排出的小便和大便有着强烈的好奇心。我的儿子在2岁左右的时候，经常端着小尿盆尝试在家里的任何一个位置尿尿，也经常会蹲在马桶边长时间地研究他拉出来的大便。

在生命的最初3年，婴幼儿会逐渐了解男孩和女孩的区别，并开始确认自己作为男性或女性的身体。3岁的时候，他们知道自己会长成男人或女人，而且每天都会有意识或无意识地从爸爸妈妈或家庭里其他成员身上学习性别角色的行为模式。

0~3 岁儿童需要的性教育

婴幼儿也需要性教育？这听起来的确有些不可思议。

当然，婴幼儿不需要知道生育、人体解剖结构和避孕的知识，但是他们开始发现并想要了解自己的性。父母是婴幼儿最重要的老师。当你对孩子讲话的时候，当你拥抱和亲吻他们的时候，当你给他们穿衣服的时候，当你和他们一起做游戏的时候，其实都会无意识地对孩子进行性教育。

婴幼儿阶段，孩子对外界的探索都是基于自己的动作和体表感觉的。这个阶段，孩子需要的是关于爱与接触的性教育，而爱、依恋和信任则是孩子心理能够健康发展的基本元素 。通过你的抚摸、亲吻、拥抱，孩子能感受到保护和爱，相应也能够回应外界以接纳和信任。后期孩子逐渐对自己身体产生好奇，你需要帮助他们学会接纳自己的身体，包括排泄物和一些生理反应，如阴茎勃起和阴道湿润。同时，你也需要接纳孩子触摸自己的生殖器的举动。

你也要在这个时期教孩子认识自己的身体部位及其正确名称，包括生殖部位的正确名称。这会帮助孩子在面对自己的身体时有放松感，并进而能够欣赏身体美。当你了解孩子发现和触摸自己的生殖器就像发现和触摸手指、脚趾一样自然时，就知道不能排斥孩子的这些好奇心，也不可以采取不恰当的干预或阻止方式。

你需要放下成年人的偏见，因为这些都是成长过程中很正常的行为。只有家长提供支持，婴幼儿才能放松地了解和探索自己身体的所有部位，才能健康地进行美好的性探索，并由此进而发展出健康的性心理。

3～6岁儿童的性发展和需要的性教育

讲完了0～3岁的孩子的性发展特点和所需要的性教育，我们来看看3～6岁的孩子。

3～6岁是儿童好奇心爆发的高峰期，在这个阶段，他们会热衷于探索外界和自己的身体，热衷于发问或自己寻找答案。他们开始学习如何理解外界。在学会这一点以前，对于因果逻辑与相关联系，他们很难理解；所以和孩子沟通要注意表达方法。在这个阶段，孩子的想象力开始迅速发展，他们可能会产生一些恐惧情绪，例如害怕怪兽、害怕死亡。孩子们的情绪日渐发育成熟，他们的心理发展容易被愤怒、恐惧、嫉妒等情绪影响。

这个年龄段的孩子的性教育，主要有以下三个方面：

第一，关于生命来源的问题

“小孩从哪里来？”“他是怎么到那里去的？”开始这类谈话最好的办法就是反问孩子：“你觉得小孩是从哪里来的？怎么来

的呢？”不管孩子如何回答，你都能从中大致判断出孩子这时候已经知道了什么和他想知道什么。那么，谈话就可以从他想知道的那些内容开始。

跟孩子讲解这些的时候，没必要非得从头到尾一次性讲清楚婴儿是怎么出生的。孩子有兴趣听就多讲两句，没兴趣了就马上结束，等孩子过段时间又想进一步深入了解时再继续。对于孩子提出的问题，无论何时都认真对待，回答时也尽量着重在孩子提问的那个方面，不必做过多联系和联想。

如果你的孩子压根儿就不问这类问题，那你也可以在一起看电视或读一本有关孕妇的书籍时询问你的孩子：“宝宝，你知道婴儿是怎么出生的吗？”不管他如何回答，有了你的引导，他至少开始想这类问题了。

第二，关于性别发展、性游戏和认识身体部位的性活动

3～6岁的儿童对性别是非常敏感的，在这个阶段他们会形成强烈的性别意识，知道自己是男孩还是女孩，以及这种性别对自己及周围的人意味着什么。对性别的好奇会让他们喜欢观察男孩和女孩，以及成年男性和成年女性的身体与自己身体的不同。

这种强烈的好奇可能会促使他们和小伙伴玩一些性游戏，比如扮医生和病人，从而可以查看小伙伴的身体；可能会玩过家家，扮演爸爸妈妈。父母不要为此感觉尴尬，在孩子表现出对性别的好奇时，要及时对孩子进行性别教育：帮助他们理解自己的性别，了解另一个性别。父母也要有意识地觉察自己的性别刻板印象，允许孩子有多元的性别表达方式，比如，女孩子可以玩汽车，男孩子可以哭泣。

对性别的敏感和好奇会让3～6岁年龄段的儿童继续探索身体各个部位，家长们也因此有了大量的机会教孩子有关身体、性器官方面的知识，而且可以借此更详细地与孩子讨论有关他们身体的一切。生活中有很多可教时机，比如换衣服的时候，你可以跟你的儿子说："你是男孩，有阴茎；妈妈是女人，有阴部。"如果他看起来似乎有些兴趣，那你可以继续说："所有男孩和男人都有阴茎，所有女孩和女人都有阴部。"洗澡的时候，你可以对儿子说："你两腿之间的那两个像袋子一样的东西叫阴囊，里面装的是睾丸；女孩子两腿之间的孔叫阴道。"如此等等。

讲的时候要尽量平静和实事求是，尽力向孩子传递这样的信息：身体的所有部位都是美好和特殊的，所有部位都有它自己的名字。要知道的是，教孩子认识身体部位不是讲一次就可以的，在合适的机会里自然而然地重复告诉孩子这些器官的名字是非常有必要的。

第三，有关触摸生殖器和保护身体隐私的性安全议题

3～6岁年龄段的孩子已经模糊地意识到了公开和隐私的问

题，但他需要你的帮助和肯定。在触摸生殖器这个问题上，家长仍然要看到孩子因为触摸而获得的自我满足感，同时温和地告诉他这是件很私人的事情。家长要对孩子进行赋权教育，教他理解权利与边界，例如隐私概念，包括进入他人房间要先敲门，触碰身体哪些地方属于越界。当然保持爱的教育仍然很重要。

要在日常生活里帮助孩子建立关于保护身体隐私的概念。比如，要让孩子知道，不论何时何地，他在使用浴室的时候都应该关好门，别人需要得到他的允许才能进来；反过来，当别人在使用浴室时，他也不能够擅自闯进去。告诉孩子，如果有人未经允许碰他的隐私部位，他就要赶紧离开去告诉父母。孩子往往并不是真的知道身体的哪些部位是绝对不能让别人碰的。

要明确告诉你的儿子，他的阴茎、睾丸、肛门，告诉你的女儿，她的乳房、阴部、肛门，这些都是非常隐私的部位，任何人（包括爸爸妈妈、朋友）没有经过本人的允许都不能碰。对这么大的孩子来说，唯一的例外应该是医生给他检查身体的时候；不过这个时候，监护人必须在场。

要反复向孩子输入一些有关身体边界和权利的概念，如只有自己有权利支配自己的身体，别人的身体也是不可以去触摸的。应告诉孩子：如果有人主动暴露自己的隐私部位，还让孩子去摸他的隐私部位，那么孩子一定要明确拒绝对方，然后赶紧离开那个人，并把事情告诉爸爸妈妈。平时这样的教导当然不会杜绝坏人对孩子的性侵犯，但是会让孩子知道，只有他自己才拥有支配自己身体的权利；他要学会保护自己的身体，在遭遇侵犯危险时有能力识别风险并保护自己。

总之，这个阶段的孩子会以纯真可爱的态度询问你关于身体与性的各式各样的问题，或是直接做出满足这些好奇心的各式各样的行为。你会发现这些问题或行为虽然会引发自己对性的焦虑，但却并不会令自己很崩溃；因为你知道，它们离真正意义的性行为还很远。

由此，你就可以有比较多的时间和情绪空间来进行性教育前的暖身。

你可以关心孩子的性发展，搜集相关的书籍与信息，寻找可信任的资源，然后练习营造放松的谈性氛围，以及用这些资源与伴侣或同样关心这个议题的人谈性，并逐步在亲子关系中进行实践。

这本书第一部分的每一篇都讲了0～6岁年龄段的儿童常出现的行为，并提出了一些应对建议。其目的是借助这个年龄段的孩子普遍会询问的问题或做出的与性有关的行为，帮助做父母的你在亲子互动中慢慢获得跟进孩子性教育所需要的各项能力，为进入小学、初中和高中的孩子的性发展和性探索奠定良好的性教育基础。

在本书使用上，你可以通过练习每一章前面的“价值观卡片”来对比反思自己在性教育上固有的价值观。带着这些看法，慢慢阅读，你应该会有更大的收获。

第1章

孩子总是舍不得离开妈妈的乳房，怎么办？

价值观卡片

1. 如果你是爸爸，你会认为，断奶是妈妈一个人的事情吗？
2. 如果你是妈妈，喂奶时你的乳房很容易唤起你的情欲吗？
3. 你喜欢把孩子抱在怀里的感觉吗？
4. 如果你的孩子一直母乳喂养到3岁，你会在乎别人的眼光和评价吗？
5. 你主张亲密育儿吗？

合适的断奶年龄

孩子出生后，什么时候断奶是很多妈妈关心的问题。

断奶之后，有的妈妈为了安抚孩子，会让孩子摸着自己的乳房睡觉。当孩子养成习惯后，妈妈却又没有办法让孩子戒掉这种习惯，这也让很多妈妈很苦恼。一方面，不给孩子摸，怕拒绝孩子会给孩子带来伤害；另一方面，一直给孩子摸，自己觉得不自在，也担心孩子这样下去会对身体没有界限感。

其他还包括：当老人带孩子睡觉时，会主动让孩子摸自己的乳房，以至孩子养成了随意摸别人乳房的习惯。这也是让很多父母头疼的问题。实际上，孩子对乳房好奇的行为背后，有的与性有关，有的与性无关。今天我们就来讲一讲孩子这个行为背后在表达什么，以及家长要如何回应。

实际上，断奶的问题是亲密育儿中的一个问题，关系到孩子安全感的建构。这看起来似乎与孩子的性发展并没有什么关系，但却受到很多家长的关切。让大部分妈妈感到焦虑的问题是断奶的合适年龄，以及断奶的方式。

世界卫生组织和国际母乳会都建议，宝宝出生后的前 6 个月只进行母乳喂养，然后母乳搭配固体食物喂养到至少 1 岁。不过，如果条件允许而且宝宝也愿意，建议哺乳期可以延长到 2 岁甚至以上。也就是说，什么时候断奶并没有固定标准。但差不多到宝宝 1 岁之后，如果想断奶，就可以开始行动了。因为宝宝在1岁左右会有一段时间不想吃奶，那个时候是最容易断奶的。当然，到底什么时候断奶还是由妈妈和宝宝自己来决定。如果你和宝宝都愿意，那完全可以尽量延长母乳喂养时间。

让很多妈妈担心的是，一些专家说只能母乳喂养到某个具体的年龄，比如1岁半，否则就会对孩子以后的性心理发展造成不好的影响。这种说法是毫无根据的。有些妈妈在喂奶的时候会体验到愉悦，产生性快感，甚至会体验到性高潮，这是很正常的生理反应。因为宝宝吸吮乳房时，会刺激母亲的身体产生催产素，而催产素不仅会引发下奶，也会触发性高潮。但这并不意味着你对孩子产生了性感觉，它只是身体受到刺激所产生的简单反应。

实际上，母乳喂养的背后是妈妈和宝宝亲密的情感联结。事实上在宝宝1岁之后，母乳的营养功能会减弱。当妈妈温柔地把孩子抱在怀里，慈爱地注视着吸吮自己乳房的婴儿时，孩子感受到的是与妈妈的身体接触所带来的温暖以及妈妈眼里溢出的爱意。这是孩子性心理健康发展的核心基础。

如果你仍然要追问母乳喂养到底什么时候结束合适，那么答案是，每个妈妈和每个宝宝的状况都不一样。你需要综合考虑自己家庭的需求，比如，妈妈产假结束后恢复工作、需要长期出差，或者妈妈的奶水确实不够，不能满足孩子的需求等。根据实际情况，做出断奶的决定或者调整你的断奶计划，同时还要顺应宝宝自然成长规律。

合适的断奶方式

另一个与断奶有关的问题是断奶的方式。很多妈妈不知道如何拒绝宝宝对乳房的索求，会采取比较极端和粗暴的方式，比如在乳头上抹辣椒水、离开家里出去躲几天，或者把孩子强行送走几天。这样的方式对孩子的心理以及母子关系造成了很多伤害，这些行为伤害的是孩子对乳房的信任和对妈妈的信任。“妈妈的‘好’乳房突然就变成了‘坏’乳房，我该如何活下去呢？”这种恐惧会深藏在潜意识里，发展成为孩子日后的某些人格特征。

那怎样的方式是合适的呢？温柔的、有商有量的、循序渐进的方式是值得推荐的。具体来说，你需要挑选宝宝的心理和身体状况都很好的一个时刻，并在断奶前一个星期就开始做一些准备。比如：开始让宝宝习惯抱着奶瓶喝奶，从夜间开始进行断奶，断奶之后的营养要跟上，嘴里还要时不时碎碎念地跟孩子进行沟通。不要以为孩子听不懂就不说，孩子完全能够理解你的神态、你的语言所要传递的信息。

实施的过程中，妈妈要有充足的心理准备应对孩子的哭闹。妈妈要温和而坚定地拒绝孩子的乳房索求，但要辅助一些拥抱、亲吻的动作，同时准备好备用奶瓶随时等孩子接受。这样的方式能够保证孩子与妈妈的关系不会出现裂痕，孩子会知道虽然没有了妈妈的乳房，但还有奶瓶，妈妈仍然是爱自己的。这些都是婴儿获得安全感的基础。

孩子总是习惯摸乳房

讲完了断奶的问题，我们再来看孩子习惯摸乳房的问题。

这里也有好几种情况，比如：孩子要摸着妈妈的乳房才能睡着，孩子喜欢摸着老人的乳房睡觉，孩子喜欢偷袭妈妈或其他成年女性的乳房，5岁的孩子突然提出要喝妈妈的奶，等等。很多父母会觉得很焦虑，想纠正孩子的行为，但又不知道该怎么做，同时担心自己的做法会给孩子带来不好的影响。

有的妈妈自己感觉不舒服，因为孩子都4岁了，每个晚上还要摸自己的乳房睡觉。这种行为还可能会唤起妈妈的性欲，以至妈妈感到很羞耻，很不舒服。有的妈妈看见奶奶主动把自己的乳房给孩子抚摸，感到很恶心，更担心孩子会形成不健康的性心理。如果儿子喜欢偷袭妈妈或其他成年女性，那妈妈会感觉很没有面子。孩子表现出的这种没有界限感的行为显得他很没有教养，而且孩子对乳房的这种兴趣似乎也唤起了成年人因乳房而产生的情欲，妈妈因此觉得很羞愧。

这些情绪都是父母要去觉察和处理的。同时，父母也要对儿童的性心理发展有一定的认知，知道孩子的这些行为背后是在表达何种需求，因为6岁以前的孩子对乳房的兴趣离真正的性意识还很远。当你能够读懂孩子背后的需求，感受到自己与孩子很亲密的爱的联结时，就会找到适合自己的价值观和亲子关系。

比如，如果孩子摸乳房只是断奶时的过渡行为，而现在孩子长大了，你想要孩子停止这个行为，就可以和孩子商量："宝贝，你现在长大了，这样摸妈妈的乳房，妈妈感觉不舒服，我们从今天晚上开始，睡觉不摸好吗？"如果孩子不同意，你就要温和而坚定地跟他讲，你现在不想让他摸了。

你也可以问问他，如果晚上不摸乳房，那他觉得他怎样才可以睡着。两个人一起商量出解决的办法。你可以提供一些建议，比如买一个毛绒玩具，握着他的手，把他紧紧地抱在怀里一会儿，或者睡觉前亲一下他的脸蛋，等等。然后，你们一起讨论最后选择哪一种。

当老人抚养孩子时，如果孩子摸老人乳房的行为让你担忧，那你要思考一下你们的养育方式。你是否需要老人来陪孩子入睡，还是你愿意自己多花一些时间陪伴孩子，由自己来主导孩子的教育。你如果无法做到自己亲自抚养，就先尝试缓和你与老人的关系，不要急着去抱怨。你要向老人表达你对她帮忙照顾孩子的感激，然后在合适的时候跟老人商量不要再把乳房给孩子摸；同时也跟孩子讲，要尊重奶奶或姥姥的隐私，让孩子慢慢学会克制自己。

而如果孩子在日常生活中对妈妈或其他女人的乳房表现出超出界限的兴趣，随意偷袭或者触碰，那么你要反思你平时养育孩子时是否忽略了对孩子进行有关身体界限的教育。一方面你要意识到当孩子开始对成年异性的身体感兴趣时，需要对其进行相应的性教育；另一方面，你也需要告诉孩子，乳房是女性的隐私部位，是不可以随便乱摸的。孩子也需要尊重别人的隐私，因此你应该把有关男性、女性隐私部位的性知识教给孩子。如果孩子还是忍不住想要摸，那你可以轻轻抓住他的手，告诉他："还记得妈妈说的吗？这是不可以的哦。"

改变孩子的一个行为需要时间，因此父母需要有足够的耐心、坚定的信心，相信你的孩子是可以做到的。

长大的孩子还要喝妈妈的奶

另外，当妈妈怀了二胎后，有的时候孩子会因突然感觉到自己不再是家庭的焦点，不再是妈妈最爱的那个孩子而出现退行性行为，提出要喝妈妈的奶。

这个时候妈妈要看见的是孩子对爱的需求，孩子退行到婴儿状态是为了享受和弟弟或妹妹一样的关注。因此妈妈在这个时候要稍微平衡一下对孩子的关注。虽然孩子已长大到四五岁，但因为弟弟或妹妹的到来，就再也没有享受过足够的关爱。对孩子来说，这是一个发展上的挫折。在面对这个挫折时，孩子会出现退行行为，即放弃已经学到的比较成熟的行为方式，心理功能回到早期发展阶段，以原始、幼稚的方法来应付当前的情境，从而缓解自己的焦虑。

因此你需要理解孩子想在妈妈怀里喝奶的行为背后的意义。如果做得到，可以让孩子体验一下做回婴儿的美好；如果做不到，也可以用其他的方式代替，比如用更多的陪伴和拥抱来表达你对他的爱，每天为他单独留出一个大宝独享妈妈的时间。

有的时候孩子对妈妈乳房感兴趣只是因为很好奇妈妈的乳房为什么会这么大，而自己却没有。这种对身体的好奇可以通过绘本或者游戏来满足。比如有一本绘本，叫《乳房的故事》，你可以跟孩子一起阅读，一起了解乳房的形状、大小、功能。你也可以找来孩子小时候你给他喂奶的照片，跟他一起重温他喝奶时的美好。你还可以找一些呈现女孩的乳房在不同年龄发育的情况的绘本，比如《我是女孩，我弟弟是男孩》，以此来帮助孩子了解女孩子的乳房是会慢慢变大的，而他的身体也会逐渐地发生变化。

读到这里，我请你回想一下本章开始的“价值观卡片”，你也可以再看一遍这个卡片上的问题。针对这些问题，你的答案有什么变化吗？

教养孩子真的是一门艺术。你需要看见你孩子的真实样子，不要被孩子表面的行为引发的焦虑所淹没。你也不能生硬机械地套用某位专家的方法，因为即使是同样的行为，不同的孩子可能有着不同的需求。如果你认定孩子是在无理取闹，那么你脑中的理智之弦就会断掉，彼此都很受伤的亲子冲突场面也可能会重演。但是如果你看懂了孩子的行为 / 情绪背后的需求，给予准确的回应，亲子互动就会流动着爱的联结。这是开展性教育重要的基础。

小知识

（1）亲密育儿：指将亲子关系视为一种亲密关系，以亲子陪伴、相互了解、互助成长为育儿的基调，尽量避免做破坏亲子之间亲密关系的事情。其理论来源于西尔斯亲密育儿法，核心原则是：被拥抱的婴儿会感到安全，母乳喂养对孩子有益，母亲和孩子的亲密关系至关重要。亲密育儿的相关理论建议：当孩子饿了母亲就喂奶，当孩子哭了母亲就及时拥抱以回应和安抚孩子；而不应该遵循严格的定时定量喂养，认为孩子哭够了自然就不再哭了。

（2）安全型依恋：英国精神分析学家约翰·鲍尔比创立的依恋理论中的一种婴儿依恋类型。安全型婴儿在感到安全的时候，能够随着自己的冲动去探索周围环境；在感到不安全的时候，能自然地从与妈妈的联结中寻求安慰。婴儿的这种灵活性和复原力是婴儿与母亲互动的产物，因为安全型婴儿的母亲在婴儿哭泣时能很快地抱起他们，并一直充满柔情和关怀地抱着他们。其他三种非安全型依恋分别是回避型依恋、矛盾型依恋和混乱型依恋。

（3）过渡客体：母子共生期即将结束时出现的一种母亲替代物。具体来说，随着母亲逐渐错过孩子的需要，婴幼儿会为自己选择一个具有特殊安抚意义的现实物件，比如毯子、被子、安抚巾等。在妈妈变得“不可靠”的时候，过渡客体提供给婴儿一种绝对的控制权。这也是婴儿从内在世界到外在世界延伸的需要，对婴儿人格的发展有着非常重要的意义。

（4）退行：指心智的倒退。具体来说是，人们在受到挫折或处于焦虑、应激等状态时，放弃已经学到的比较成熟的适应技巧或方式，心理功能回到早期发展阶段，以原始、幼稚的方法来应付当前的情景，缓解自己的焦虑。

第2章

肛欲期的孩子总是对屎尿感兴趣，怎么办？

价值观卡片

1. 你是否很希望养一个省心听话的孩子？
2. 你是否希望孩子在外面的表现能让自己很有面子？
3. 你是否能够留意自己对爱人的不满情绪，是否意识到情绪会转移到小孩身上？
4. 你是否了解孩子在3岁前后有一个自我意识敏感期？
5. 你是否会为孩子的发展水平落后于同龄人而焦虑，是否热衷于养育理念之间的比较？

孩子为什么会有一段时间大小便失控？

宝宝咿咿呀呀地长大，在3岁之前，他的吃喝拉撒是父母最操心的事情。

做性教育以来，我接触到了父母因孩子大小便问题而产生的各种各样的焦虑问题。这些问题，有些跟孩子的性发展有关，有些跟孩子的性发展无关，放到这里来讲是因为处理好这些亲子养育的问题是开展性教育的基础。比如，2岁半的女孩一直用纸尿裤，之前大小便都会跟大人说，然后大人帮她清洗，换新的纸尿裤；但现在是拉了、尿了也不会讲出来，还抗拒家长给她换纸尿裤和清洗屁屁，也抗拒家长给她脱裤子后蹲下来大小便。有妈妈问：这该怎么办啊？

这个部分跟性教育有关的是肛欲期的心理发展，跟性教育无关的是孩子自我意识的发展。那这两方面都是家长要去了解的。

1～3岁对应的正是孩子的肛欲期和自我意识敏感期。肛欲期发展的核心能力是控制，而孩子的第一个自我意识觉醒期发展的核心能力是自主权。这讲的其实是同一件事情，即“我想要自己做主”。随着神经系统和尿道括约肌的发育，婴儿便从无意识的排便发展到逐渐能够感知大小便并通过言语化表达。看着孩子的变化成长，父母们都是喜在心里的。

但到了肛欲期，随着孩子身体感知力的增强，当膀胱储满尿液，尿液再突然被释放出来时，孩子体验到了一种刺激感。这种刺激感也会伴随身体的一些反应，比如面红、出汗、颤抖等，这种感觉和性活动带来的感觉类似。

如果父母再予以任何的正强化或负强化，这种感觉就会更深刻地印刻到孩子的身体里。等到下一次憋尿的时候，他就会自动寻找这种感觉，因而会有意地推迟尿尿的时间。

大便也是同样的道理。不同的是，大便时体验的是肛门括约肌的收缩和释放带来的刺激快感。而孩子语言系统发育并不完善，让他讲出这么复杂的感受是不可能的。这样父母看见的就是一个有倒退行为的不懂事的孩子。

为什么孩子会抗拒换纸尿裤或者父母给她清洗屁屁？

这里有几种可能。一种是在看见孩子大小便后，父母在言谈举止上所给予的批评责备态度，强化了孩子对尿尿或拉屉屉这件事情的羞耻感，从而孩子会抗拒父母为自己更换纸尿裤。还有一种可能是孩子正处在自主意识爆发期，对任何事情都要说“不”，不允许别人包括父母干涉自己的任何行为。也有可能是两个因素一起作用，最终导致父母觉得这个孩子简直不可理喻。

所以，当你可以以孩子生理和心理发展的眼光来看这个问题时，就能够明白孩子的身体排便控制系统未发育完善。当你看见孩子正在练习尿道括约肌或者肛门括约肌的收缩机能，或者正在享受控制自己身体的乐趣时，就能够理解孩子行为背后的意义，同时你的视野也会变得更加开阔。你不会成天把目光放在孩子的屁股上，而是想如何调整自己的行为或者态度来适应孩子的发展需要。

尿裤子了，换裤子呗。

尿床了，换床单呗。

屉屉拉裤子里了，洗呗。

不想洗裤子，就扔掉，反正这也不是什么大事。

当看见他的自我正在形成，他正在完成人生中与母亲的第一次分化时，作为母亲的你就会更加尊重这个生命成长，并为其发展而欣喜。最不好的情况就是父母对孩子大小便的训练太严厉，对孩子的抗拒行为进行标签化处理，从而导致孩子精神紧张，心理压力很大，以致孩子控制大小便的自然节律紊乱。然后出现的情况就是，孩子将大小便解在裤子里的次数越多，父母就越焦虑，致使孩子越来越紧张，大小便拉在裤子里的次数就越来越多。

这样的循环导致孩子无法自主控制大小便的时间从2岁延长到六七岁，甚至十多岁。然后，这就真的成了需要治疗的问题行为了。

我接过一个案例：

这位妈妈说她的儿子4岁多了，拉屉屉还是不上马桶。他每次都喊“拉臭臭”，但喊完就脱裤子，拉到地板上，偶尔还会拉在裤子里。家人对这件事反应都比较激烈，他爸爸甚至认为孩子智力有问题，有时候还会因为这个打他。这个妈妈为此感到非常焦虑。

其实你只要从妈妈描述的文字里感受一下，就会知道孩子对拉屉屉这件事情的感受是什么。他无法将体验到的感受用言语表述出来，而爸爸直接评价他的智力有问题，听不懂大人在讲什么。他接收到的信息是自己无能，所以他厌恶自己的身体，同时对父亲感到恐惧和害怕。在这样的压力环境下，孩子很难恢复对自己身体的掌控力。

如何帮助孩子顺利度过肛欲期

1.了解儿童发展规律，接纳和尊重孩子肛欲期的行为表现

肛欲期是孩子心理和生理发展必然要经过的一个阶段。你要认识到，处于肛欲期和自我意识敏感期的孩子就是会开始挑战父母，喜欢说“不”，甚至会表现出很多攻击性的行为。由此，你应该开始调整自己看待孩子行为的角度，从内心尊重孩子的发展，不正面也不负面强化孩子对尿裤子或把大便拉在裤子里的认知。

不正面也不负面强化的意思是，你最好不要跟家人随便谈

论或评判孩子尿裤子或者把大便拉在裤子里的事情，更不要当着孩子的面开玩笑或者表现出嫌弃。

如果发现孩子裤子湿了或者脏了，就自然地说："没关系，宝贝，我们换一条裤子，这样我的宝贝就会更舒服了。"如果孩子上幼儿园了，就多备几条裤子，并特别交代老师孩子的状况，请老师配合帮助孩子顺利度过这个阶段。如果老师无法配合，那么可以让孩子暂时离开幼儿园，等度过肛欲期后，再进入幼儿园。

尽量不要去说那些提醒的话，比如"下次要记得坐便盆哦"，或者"下次拉之前要记得告诉妈妈哦"。这些话是在讲你期待他有更好的表现，暗含责备，无形中给孩子带来了压力。尤其不要对孩子说这些带有羞辱、耻笑、责骂和威胁意味的话，比如"都这么大了还尿裤子！""你怎么还不知道去卫生间大便?!""你再尿裤子妈妈就不喜欢你了！""下次记住不要尿裤子了！"等。

打骂和羞辱并不能够帮助孩子改变这些行为，练习控制大小便是孩子生命发展的必经进程。你的打骂和羞辱只会让孩子产生自贬心理，影响孩子的人格中自尊的建构。

2. 观察和尊重孩子正在进行的憋尿或者憋大便的行为

当发现孩子正在憋尿或者憋大便时，你要稍微留个心眼，观察孩子拉大便的频率和大便的颜色，并就此做一个简单的评估，考虑近期是否要调整饮食。不要将孩子直接抱进洗手间，也不要强行将他按坐在马桶上，你可以把婴儿坐便器放在他旁边，询问他要不要坐上来。如果他不坐，也没关系。

3. 不要轻易将孩子大便节律的改变当成便秘治疗

因为进入肛欲期的孩子专注在肛门括约肌的控制体验上，所以大便会比较没规律。当孩子大便节律改变时，你不要轻易地认为孩子便秘了，从而采取给孩子使用开塞露等强硬措施，也不要带孩子去医院做各种检查或给孩子吃各种中药。

这些做法会将恐惧和痛苦等情绪与孩子的排便行为紧紧联系在一起，让孩子对拉屁屁这件事情感到紧张。时间一长，孩子的自我体验中融进了复杂的情绪——恐惧、害怕和紧张，又夹杂着兴奋和痛苦。这个年纪的孩子是没有办法处理这种情况的，慢慢就出现真正的便秘了。

4. 帮助孩子适应新的环境变化，看见孩子的心理压力

另外一个需要注意的是，如果孩子出现频繁尿床、尿裤子，或者大便不规律，把大便拉到裤子里的情况，那你也需要观察和反思一下孩子的生活环境是否发生了变化。孩子经历搬家，换新的幼儿园，换新的保姆，或者是家庭氛围紧张（比如爸妈

总是吵架），妈妈没有心力照顾孩子致使亲子关系淡漠，或者是家庭成员发生变化（比如妈妈生了二宝），孩子生病后身体机能的下降等，都可能导致孩子大小便反常。

你需要审视孩子的生存环境，而不要将解决问题的焦点集中在孩子的大小便上。

如果你的孩子极其不愿意坐马桶，那你可以和孩子一起到商场选购他喜欢的儿童马桶，然后在马桶旁边少量放些孩子喜欢的玩具。这样的方式比强制或者威胁孩子坐马桶更有效。你如果已经在肛欲期不当干预了孩子，致使孩子现在虽然六七岁了但还是会尿裤子和偶尔把大便拉在裤裆里，那也不要太着急。

给自己足够的耐心，给孩子足够的时间和空间，陪伴孩子以帮助他慢慢掌控自己的身体；帮助他相信自己，爱自己的身体，爱他自己这个人，也让他相信爸爸妈妈是爱他的。你的平和接纳和你对孩子的爱，是孩子成长最重要的养分，更是孩子顺利度过肛欲期最重要的支撑。

读到这里，提醒你回到章节开头的“价值观卡片”。现在面对这些问题，你的答案有什么变化吗？带着这些思考慢慢检查下自己的育儿理念吧。

小知识

（1）肛欲期：弗洛伊德的性心理发展的阶段理论中的第二个阶段。弗洛伊德认为，人类性心理的发展会经历五个阶段：1岁以前的口欲期，1～3岁的肛欲期，3～6岁的性蕾期，6岁到青春期的潜伏期，以及青春期开始后的生殖期。在肛欲期，快感中心从口腔部位转移到了肛门位置，排泄成为婴幼儿获取快感的主要途径。这个时候，幼儿会发现，自己有自己的创造物，而且能控制它，因此这个阶段重点是发展幼儿的自我控制能力。这个时期的孩子重点发展的是控制力。

（2）可怕的2岁：指的是孩子的第一个自我意识形成时期，一般发生在1.5～3岁半，是孩子心理发展上的第一个叛逆期。这个时期的孩子的主要特点有：自我意识爆发，最常挂在嘴边的词是“不”；处于物权敏感期，对自己拥有的东西特别在乎，不愿和别人分享；处于秩序敏感期，对万事万物的秩序有着超乎寻常的完美追求。

第3章

孩子触摸生殖器，是自慰吗？

价值观卡片

1. 你会自慰吗？你自慰时感到舒服吗？

2. 你的伴侣或其他家庭成员是如何看待自慰的？

3. 你同意或者认可孩子会以自慰的方式进行自我的身体探索这样的观点吗？为什么？

4. 对于成人介入孩子自慰或进行自我身体探索事件中，你的想法是什么？你的困惑又是什么？

5. 你希望自己在与孩子交流自慰等问题时传递什么样的信息？

你为什么会对婴幼儿的触摸行为感到焦虑？

细心的父母会发现，孩子出生后不久就会慢慢学会把手放到嘴里，等到八九个月时会用手去触摸自己的阴部。很多家长看到后觉得孩子这么小就会自慰很不好，因此会去制止。这样，孩子在生命的早期，就会产生羞耻的感觉。

我们这里讲的儿童自慰，是指6岁之前的儿童触摸自己生殖器的行为。

前面讲过，很多婴幼儿在出生后不久就会因偶然发现刺激自己的生殖器官可以获得快感而重复地做这件事情。因为这是一件能给他们带来快乐的事情，如同吃手一样，但很多父母会很焦虑。父母担心的理由也是五花八门：

> 4岁的儿子老是摸自己的生殖器，已经去医院泌尿科寻求过治疗但还不好，怎么办？
>
> 3岁的女儿夹腿、夹被子正常吗？这样的行为是否合适？这样的行为会不会一直持续到成年？孩子会不会自慰上瘾？该如何正确引导？

为什么家长们会有这么多的焦虑？

因为大部分家长一听到“自慰”这两个字就会感到不安，这个词似乎代表着怪怪的感觉，况且自慰的人是自己的孩子。

家长们为何会有这样的感受呢？

其原因是过去的文化和教育中关于儿童自慰的认识几乎都

是负面的，这些家长的父辈就是以禁止、呵斥的态度来教育和影响他们的，以致今天这些成年人做了家长后仍然无法摆脱这些负面认识的影响。

所以，你如果因为发现你的孩子正在自慰而焦虑，就可以先感受自己面对自慰时的不安，然后体会自己在面对孩子时的那种不自在。你可以回忆自己的儿童时代是否有被父母发现自慰的经历，你的父母是如何将关于自慰的态度传递给你的，或者你是从什么时候开始意识到自慰是一件很羞耻的事情。这样，等你的孩子长大后，当他看见你的孙子或孙女在家具上磨来蹭去时当然也会大惊失色，这是一代传一代的。

孩子为什么喜欢抚摸自己的生殖器官

小小孩儿也会在不同年纪以各种方式发现自慰的快乐。这也是儿童性心理健康发展的过程。在婴幼儿时期，孩子通过养育者的抚触、拥抱等触觉刺激获得愉悦。再大一些，他们会从偶尔的生殖器触摸中感受到愉悦，或者从比较有经验的同伴那里模仿学习到触摸生殖器而感觉舒服，然后就情不自禁地经常去触摸。

这是自然之性的正常发展。但为什么呢？

首先，从生物学的角度来看，人的性器官上分布着丰富的神经末梢，比身体的任何部位都敏感。因此，触摸自己的生殖器来让自己感觉到兴奋、舒服、愉悦是正常的。其次，触摸生殖器，在这个年龄段的孩子看来，跟触摸身体的任何其他器官是一样的；因此这种触摸抚弄相比大人所想的自慰更随性而漫不经心，并且不含性的意味，只是单纯地体验快感。另外，触摸生殖器能使孩子获得安慰。孩子在承受巨大压力时，也许会借此逃避外界的过度刺激，以自慰作为放松的方法。

当然，有的孩子从来不摸自己的生殖器，这也是非常正常的。

当能够理解你的孩子在做什么，并摘掉成人对自慰的有色眼镜时，你就会从孩子性发展的角度去看待这件事情。对性欲的发展有更多的了解之后，你就会知道这个时期触摸生殖器的行为是孩子性心理发展过程中正常的行为表现。放松下来，检视和评估家庭的氛围，了解孩子的状态和你们的亲子关系模式，找到适合你的家庭、你和孩子的关系的回应与处理方式。

如何回应儿童的触摸行为

发现孩子正在进行自慰的时候，正是教导孩子什么是适当的性行为与性欢愉、什么是尊重与负责任的表现的好机会，也是练习跟孩子谈性的好时机。

首先，你要知道的是，父母对孩子的身体及好奇心的反应会影响孩子对自己的看法，也会让其感觉到自己是否被爱。因此你回应的内容、态度甚至是语气都是非常重要的，这同时也在传递你对性的基本态度。

你也要知道，这个年龄的孩子并不懂得大人一般对自慰的看法，也不知道自慰的隐私性等社会化要求，只知道这么做很舒服，所以你需要教给孩子合适的规矩。孩子通过观察你对自慰的反应会明白外界对自慰的看法，以及怎样的自慰行为才是合适的。

具体怎么来做呢？当你准备对孩子的自慰行为做出回应时，要注意评估你的回应是否传递了以下两个基本重点。

第一，尊重与接纳的态度

你的回应应该能够帮助孩子培养出自我接纳，即接受身体快感的态度，而不是传递让他以享受快感或自己的性器官为耻的价值观。你如果仍然对自慰存在很多负面的认识和体验，那么需要寻找资源以学会控制自己，而不把负面情绪投射到自慰的孩子身上，并避免无意识地做出负面的回应。

这个年龄的孩子正在建构自己的是非观，还搞不清楚为什么有的行为是绝对不可以的，而有的行为有时候会被禁止，有时候又会被允许。这时你就需要教会孩子分辨私人空间和公共场合。你可以举一些例子，跟孩子玩一些猜谜的游戏，慢慢帮助他培养这项能力。这样的游戏和教导是要重复进行的，直到孩子理解了你的意思。

因此你要确定你的孩子明白，他在特定时空下是可以自慰的。这个允许会让孩子懂得对自慰和自己身体应持有的基本态度，否则孩子就会以为自慰是错的。你管教一次的影响也许不大，但重复几次后，孩子就会对自己的身体（包括性器官）和快感产生焦虑或者罪恶感。

第二，设下合理明确的行为规范

你最好要以常理或家规来教导孩子，让孩子知道哪些行为是适当的，在什么情况下是可以做的，让他慢慢学会遵守社会的准则。因此，你确实有必要让孩子知道，不要在什么时间和什么地点触摸生殖器，甚至有时你还得制止他。比较难的是如何在以上两个目标之间找到平衡点。

具体如何引导，视孩子的情形和你的养育观点而定。就自慰来说，你可以在孩子2～5岁时开始教他有关隐私的概念。孩子2岁后便会开始吸收并应用社会的规范。因此，你已经可以开始规范他们的行为，告诉他们不可以在公开场合自慰，同时也可以训练他们上厕所了。

举例来说，如果两三岁的孩子公然在别人面前自慰，让别人不自在，你就需要制止他。你也可以先帮朋友化解他们的尴尬，当朋友知道你清楚孩子的状况后应该就不会那么紧张。如果孩子在公共场合还是会若无其事地自慰，那么你也别责骂孩子、出声制止或将孩子的手拉开。最好的方法是利用其他事情让他分心，比如玩具、搔他痒痒、唱歌，等等。

若你们两个人都可以离开现场，那你就带着孩子离开。孩子自慰可能是因为外界环境刺激过大。把孩子带到安静的地方对你们两个人都很好，他也不至于因为自慰而觉得羞耻。你还可以安慰自己，这种情形不会永远持续下去，总有一天他会清楚隐私的具体意思。

与孩子沟通你的家庭自慰规则

现在你大概知道，当孩子在不当的时间或地点自慰的时候，你应该教他了解什么是隐私。隐私就意味着，那是私人的事情，你应该在自己的房间里做。对于如何把这种观点教给孩子，其实是有一些更好的技巧的。

首先要注意自己的语气。如果孩子自慰让你紧张，你可能表面上说没关系，但语气却截然相反。其次别忘了，要孩子注重隐私是为了教他有责任感和遵守社会规范。你如果想帮孩子建立健康的性态度，那不妨多说一些规定之外的东西。比如你还得表示自慰本身并没有错，要约束的不是行为，而是地点。

举个例子，你的孩子正在自得其乐，然而抬头看见你严峻的表情，听见你厌恶的斥责："住手，叫你不要摸你还摸，说过多少次了。”你觉得你的孩子会感受到什么？你不妨这样说，“宝贝，我们讲过的哦，不能在这里摸，你要在自己的房间里才可以”，或者“虽然那样很舒服，但我希望你只有在一个人的时候才做，那种特别的事情是很私人的，大人们自慰也都是在自己的房间呢”。

你的孩子体会到的会是完全不一样的感受，而且这样也会顺便让孩子知道，不是只有他才会自慰。更重要的是让他明白，自慰应“因地制宜”。因此，对孩子进行约束时，任何叫骂、处罚或拉开孩子的手等激烈的反应都是不合适的。即使自慰变成问题时，家长也不应该如此。

怎样的自慰才是问题

有时自慰确实会变成问题。比如孩子随时随地自慰的状态持续了很长的时间——半年以上；或者孩子看起来整天都在自慰，在幼儿园也是这样，并且拒绝参加任何其他的活动；或者孩子总是在公开场合自慰，完全听不见大人在说什么。

这个时候问题通常不在于自慰是不对、不可以的，而是孩子在用自慰表达他内心的需求或痛苦。此时你如果担心孩子的自慰状况算不算正常，就应该先问自己一个问题：“孩子在家里或学校的其他活动有没有受到影响？”然后再问：“他是否在清楚地知道私人空间和公共场合的区别之后，还是在明知不可以自慰的地方自慰？”

有些孩子会通过做父母不允许做的事情来表达他无法表达的内心。如果这两个答案都是肯定的，那么你就要考虑，孩子可能是用不健康的自慰方式来处理他正遭遇的超过他承受限度的焦虑。

在这样的情况下，你最好别只想如何禁止孩子进行自慰，因为这除了会让你失望和生气，还会让孩子更加紧张。

你要评估的是，孩子的生活环境是否发生了很大的变化，比如刚刚搬家或孩子新进了一所幼儿园？如果是，那么你要花更多的时间来陪伴、安抚孩子，帮助他适应新的变化。或者，对于孩子来说家中是否太过嘈杂，刺激过大？如果是，那你就应该给孩子多一点时间，让他安静地待在自己的房间里，并且减少家中的嘈杂声。或者，你是否极力想教孩子一些幼儿园的孩子还掌握不了的新技巧，以至孩子的学习任务超过了他可以应付的范畴？如果是，那你就给孩子一点喘息的时间和空间吧。或者，问问孩子和老师，看孩子是否面临新的问题，比如受到其他孩子的嘲笑，然后帮孩子找到办法来应对人际压力。

如果这些都做了之后，孩子的自慰状况并没有任何改变，那么考虑找儿童性教育专家吧。面对孩子的压力，家长有可能当局者迷，看不出来。

讲到这里，我们再来回顾一下本章开头的“价值观卡片”。思考下，现在再面对这些问题，你的答案有变化吗？我们的性价值观就是在这样不断的觉察和反思中解构和重塑的。

小知识

（1）自体性行为：指性活动仅涉及自己，是一种个人的活动，而非人际的活动。这种行为包括性幻想、性梦，以及自慰（即刺激自己的生殖器以获得快感）。自体性行为是一种普遍现象，是人在性欲初开时最早的表达方式。

（2）问题性行为：若性行为具有持续干扰性、强迫性，或是出现发展上的异常，或是过于频繁，则表示可能有更大的问题需要处理。例如，6岁的孩子总是喜欢在公开场合抚摸自己或他人的私处，或者对性行为知道得太多，那么父母或者照顾者就要加以留意。

第4章

孩子总是问有关生殖器的问题，怎么回答不尴尬？

价值观卡片

1. 你能说出自己身体的每一个器官的名称吗？
2. 当说出生殖器官的正式名称时，你有什么感觉？
3. 当你在碰触宝宝身体各部位时，感觉都一样吗？
4. 当你碰到儿子的阴茎或女儿的阴部时，有特别的感受吗？
5. 如果孩子因为在外面说了阴茎或阴道而被嘲笑，你会有什么感受？

为什么回应孩子对身体的好奇很重要

孩子一出生，你的家庭生活中就会出现很多跟性有关的问题。比如该不该跟孩子一起洗澡？如果孩子一定要跟你一起洗呢？洗澡的时候，儿子指着你的胸部问“这是什么”，你会怎么回答？就算你没说话，你的脸上会是什么表情？

如果你有0～6岁的孩子，那对你来说，这类事情可能是相当普遍的。而作为家长的你的回应，将影响孩子对于身体发育过程的认知。

要知道，孩子在与你相处多年后，渐渐学会了解读自己的身体、了解自己的发育过程以及如何去爱。对于刚出生的婴儿来说，你的拥抱对他的身心发育非常重要，缺乏抚触的孩子无法健康成长。当你第一次拥他入怀时，你的孩子就进入到第一段实质的人际关系里，他会在你的怀里首次体验到爱。你们之间的互动形式将成为他日后所拥有的所有爱的形式的原型。当你拥抱、亲吻、抚触宝宝时，宝宝会体验到身体接触带来的愉悦，以及跟他人的亲密关系。

随着慢慢长大，孩子会开始对自己的身体产生好奇，也会疑惑同龄异性的身体会是什么样子的；还会对成年人的身体产生好奇，好奇自己与他们的不同之处。这个时候你可以通过绘本、亲子游戏等帮助孩子完成对身体的认知，建立美好的身体意象。

因此，父母的疼爱、亲密的亲子游戏、彼此的注视是婴儿及幼儿时期性教育中的重要内容。

如何教孩子认识身体的各个部位

在孩子小时候，你应该已经通过一些小游戏来帮助孩子认识自己的身体了。比如，这是你的小眼睛，这是你的小鼻子，这是你的小耳朵，你的小嘴巴在哪里呢？孩子会开心地指着自己的嘴巴回答你。但你应该也是跟大部分父母一样，几乎从来没有想过要跟孩子说：这是你的阴部，这是你的阴茎，你的阴囊在哪里呢？

实际上，在一开始就教给孩子生殖器部位的准确名称是很重要的。在这个年龄，你大概只需要让孩子认识和了解外生殖器部分，知道男孩有阴茎和阴囊，女孩有阴部和阴道，还有阴蒂。

阴部，这个词比较适合教给女孩子来认识自己的生殖器官，它包含阴唇、阴道、阴蒂和阴阜等部位与组织。阴道、阴唇、阴蒂，这些部位不是很明显，你可以在洗澡等裸露身体的情况下反复多次地教给孩子，也可以用绘本上形象的图片告诉孩子。阴茎、睾丸、阴囊都是与生殖器有关的名称，你可以借同样的方式将它们教给孩子。

为什么要教给孩子生殖器部位的正确名称？

我们前面讲过，抚触和妈妈的碎碎念能够让宝宝认知自己的身体，而你碎碎念的语气则能让幼儿知道你和外界对身体的看法。在孩子学习周围事物的名称时，事物便有了新的存在感。比如你一边换尿布，一边碎碎念："宝贝，你的阴部又湿了，不舒服了吧？妈妈现在给你换上新的尿布，让你舒舒服服的。"或者在洗完澡后给儿子做抚触，当你的手按摩到孩子阴茎附近时，你可以说："妈妈现在要给你按摩阴茎附近的皮肤哦，你感觉怎么样，喜欢吗？"

虽然俗称也是身体器官的名称，但俗称的表述通常是不清晰的，比如把男孩的外生殖器官说成"小鸡鸡"，这到底是在说阴茎还是阴囊呢？ 如果你觉得在生活中讲学名很不自在，那也是可以理解的。你可以"大小名"同时教，比如，你可以跟孩子说，"阴茎"是它的大名，平时我们更习惯叫它的小名"小鸡鸡"。你无论怎样称呼孩子的生殖器官，都不要回避这个部分。孩子需要学会用正确的名称来谈论自己的身体，否则孩子对身体的了解会受到限制。

另外要注意的是，教给孩子的小名不能是暧昧的隐喻。比如"那里""那个地方""私处"等模糊的用语，这些说法无助于孩子了解自己的身体。当你使用这些模糊用语时，你也是在用这种隐晦的态度告诉孩子，身体的这个部位是让人觉得不舒服或与众不同的。这样反而会致使孩子在谈及这个部位时感到一种羞耻感或内疚感。

同时逮到机会就教孩子认识和了解异性的生殖器官，比如当孩子问你的时候，或者看到有人裸露身体的时候。如果孩子能够区分这些部位，这就会对他学习认知身体的功能有极大的帮助。教的语气越自然，孩子就越懂得爱惜自己的性器官，而且很多时候你还需要耐心地重复教他们，因为孩子们认识一个事物通常是需要一段时间的。

亲子共浴，合适吗？

很多家长对是否应该和孩子一起洗澡存在困惑。

通常在孩子两三岁的年纪，为了让孩子进浴缸，很多父母会和孩子玩亲子脱衣游戏。这种自然而然的小游戏，成就了欢乐的亲子时光，也创造了美好的性教育现场。孩子可以从亲子共浴的过程中认识大人和小孩的身体，了解男女的差异。他们也会观察大人的身体，知道自己未来的模样。而作为父母的你，则要一边示范如何轻松自在地面对裸露的身体，一边用轻松自然的语气帮助孩子认识身体的生殖部位。

孩子从中学到，生殖器部位也是身体天然存在的一部分。你在说来洗一洗阴部时，要像说来洗一洗脸、洗一洗脖子一样，轻松自在。更重要的是，孩子在与你嬉戏的过程中，学习并内化了自在地接纳身体的态度。

什么时候不适合亲子共浴？

随着孩子越来越大，你可能会困惑，什么时候需要停止这么做呢？

或者，很多父母在孩子年幼的时候错过了跟孩子一起洗澡的机会。等孩子到了五六岁，父母听到很多专家说跟孩子一起洗澡对孩子的性发展很好，想弥补这个过错；可是自己心里还是很别扭，毕竟孩子都这么大了。这样的困惑和问题，其实并没有绝对的答案。

不过你要考量的因素有几个。

第一，考虑孩子的反应

你需要留意孩子的言语、行为或者身体姿态是否开始表示他在面对成年人的裸体时是不自在的，或者他们是否总想用一种让你感到不自在或不适应的方式来触摸你。在这样的情况下，你就要开始考虑分开洗澡了。

比如当孩子开始对妈妈的阴部或爸爸的阴茎特别感兴趣，而且尝试有情欲表现地去抚摸并出现兴奋，或者洗澡之后言语和行为上仍然保留对阴部或阴茎的兴奋情绪等，或者孩子的性格与之前的自然天性差别很大，你就要开始考虑孩子有不自在的反应了。

第二，尊重你自己的感受

如果你在跟孩子一起洗澡时，对孩子长时间地观察你的身体并且进行好奇询问的行为感到不自在，那也是正常的。穿上衣服，依旧可以陪着孩子洗澡，你可以告诉孩子你对自己裸体和他一起洗澡感到不自在。

或者你是因为孩子长大了，一起裸体洗澡不方便，那也如实告诉孩子，开始让他独自洗澡。这样，你就是在以你最自在的方式陪伴孩子。你找到了自己舒适的位置，同时也是在给孩子示范人际关系中舒适的身体界限。

第三，要觉察你的担忧是什么

你的担忧是自身缺乏有关孩子性发展的知识吗？还是你担忧别人说三道四以及异样的目光？或者是你虽然知道这样对孩子有很多好处，但就是做不到？这些情绪与感受，都需要我们慢慢去理解。同时，我们也需要去照顾自己。很多时候，当我们在辨识和厘清自己的情绪与感觉，照顾自己的感受，允许自己安抚自己时，就给了自己情绪反应的空间，也就是给了孩子自然成长的空间。

另外，兄妹或姐弟一起洗澡的问题也同样如此。看到他们洗得很自在、很开心，你觉得这没有问题；可是你又会担心，到了6岁、8岁以后是不是该分开洗了？这样总是一起洗澡会不会不好，男孩会不会勃起？

如果孩子要求分开洗澡，那你反而不必伤脑筋，答应孩子并借机询问他对裸体、对自己的身体有什么感受。如果孩子要求保留隐私就表示他成熟了，请多多予以支持。他的弟弟妹妹也许还无法明白，也许开始懂得害羞，然后要求自己一个人洗澡。无论如何，做爸爸妈妈的一定要老实地跟弟弟妹妹解释，为什么他们不能再跟哥哥或者姐姐一起洗澡了。

以后姐姐一个人洗澡，因为她想要保留隐私，等你长大就会明白，也许有一天你也会想一个人洗哦。

如果孩子自己没什么要求，那你需要观察孩子们一起洗澡的状态。你如果发现孩子们在一起洗澡时开始有点不自在，或者会咯咯地窃笑，或者互相有目的性地触摸对方，就要考虑让他们分开洗澡了。

总之，亲子或手足共浴的场景是一个很好的性教育现场。但我们要知道的是，这并不是唯一的性教育现场。我们还可以透过更多场景或方式，帮助孩子认识身体，例如游戏、人体玩偶、绘本等。

如何处理孩子对成年人身体和隐私部位的骚扰与好奇

五六岁的孩子，尤其是男孩子，有一段时间会对成年女性的身体特别好奇。这种好奇不仅表现在对家庭内部的成年女性身体的兴趣，还表现在对陌生女性的骚扰上。比如，跟妈妈一起参加公司活动，孩子趁女同事不注意，就直接去抓人家的乳房。还有在公众场合，孩子会掀开成年女性的裙子，或者故意触摸成年女性的阴部。有一些熟人会碍于面子，不呵斥孩子，但其实这已经让人家很不舒服了。

如果你的孩子也是这样，尴尬之余，你应意识到：需要关注孩子的身体边界意识了。在行为发生的当下，你要非常坚决地制止孩子，然后真诚地跟对方道歉。接着你可以把孩子拉到一边，看着孩子的眼睛，平静地跟孩子讲："你这样做会让别人不舒服。这样的行为是不可以的。"等回到家，你要找一个时间，具体跟孩子谈一谈这个问题。

首先，了解他这样做的目的是什么

如果他是喜欢那位女性，那就跟他讨论怎样用正确的方式表达对别人的喜欢。比如用语言直接表达，"阿姨，我好喜欢你"；或者自己做一个手工品送给她；等等。如果他是想了解成年女性的身体，尤其是隐私部位，那么你就要考虑跟进孩子的性好奇。找一些相关的绘本，把人（包括男性和女性）从出生到长大成年的身体变化过程讲给他听。这类的绘本很多，比如《我们的身体》《我宝贵的身体》等。不建议直接拿成年人的裸体图片给孩子看，那样他可能不能完全理解为什么图片上的身体跟他的差别这么大。那种有变化过程并且配以文字说明的身体图片，会让孩子对此有更清晰的了解。

要让孩子在这个过程有表达困惑的机会，并且父母要对他的好奇进行回应。对于这个年纪的孩子，如果父母可以做得到，那么前面讲的亲子共浴也是很好的方式。一家人一起洗几次澡、一起游戏，而父母可在此过程中跟孩子讲解身体的差异。

其次，帮助孩子理解别人的感受

这个年纪的孩子还不怎么能够理解自己的行为对别人造成的影响，那你要慢慢跟孩子讲，被骚扰会是什么感觉。你也可以通过一些游戏来完成教育，比如搔痒痒的游戏。刚开始孩子会咯吱咯吱乐，笑个不停。你一直挠下去，他就会说不要不要。你先不听他的，继续挠，他就会感到不舒服。然后你就停下来，告诉他："这就是不舒服的感觉。你之前骚扰别人的时候，别人也是这样不舒服的。"

培养孩子同理心的另一个重点是家长自己尊重孩子，不要在家里随意侵犯孩子的边界。比如随便摸或者亲孩子的脸，不经孩子同意把他的玩具送人，等等。

读到这里，请你再去翻看这个章节一开始的"价值观卡片"。现在思考这些问题，你的答案有什么变化吗？这样的觉察和反思对厘清自己的性价值观是非常有帮助的。

小知识

（1）隐私部位：又称“私密部位”，是指出于礼仪、得体和尊重，人体中在公共场合和常规环境通常被衣服遮盖的位置。不同的文化环境，定义会有所不同。通常来说，女性的隐私部位包括胸部、外阴和屁股，男性的隐私部位包括阴茎、阴囊和屁股。

（2）性好奇：好奇心是个体遇到新奇事物或处在新的外界条件下所产生的注意、操作、提问的心理倾向。性好奇是对与性有关的行为或事物表现出新奇而感兴趣的现象，是儿童、少年乃至成人共有的心理特征。关于性的问题很能引起人们的好奇心，而不论他们的宗教信仰、教育水平、人种和职业如何，或是否已婚。

第5章

孩子总是光着屁股跑，这有问题吗？

价值观卡片

1. 你喜欢并满意你自己的身体吗？
2. 你在哪些情境下能自在地展现自己的身体？
3. 裸露身体，带给你什么样的感受？
4. 对于家人间身体裸露的程度，你的想法是什么？
5. 对于家人间的身体触碰界限，你的想法是什么？

孩子为什么喜欢裸露身体？

很多三四岁年纪的孩子，洗完澡后喜欢光着身子在客厅里跑。这时父母或者姥姥姥爷就会在后面追着孩子要给其穿衣服；然而，大人越追，孩子越兴奋。

有很多家长就孩子在家里的裸露行为进行咨询。有的是无法理解孩子的这个行为，有的是担心孩子这样会着凉，还有的是担忧孩子一旦养成裸露的习惯在长大后就会不知道人际交往时的身体界限。比如，有的家长担心孩子不懂得尊重他人的身体，或者容易遭受身体伤害。还有的家长咨询是因为担心和老人的观点不同而起冲突。

我记得我的儿子在3岁多时，每次洗完澡都要跑到客厅兴奋地转几圈，然后才让我帮他把衣服穿上。实际上，对孩子来说，在安全的情境下裸露身体，是在体验对自己身体的掌控感。这种体验，并不会对别人造成伤害，是正常的发展需要。这个年龄的孩子都很爱看别人，也喜欢被别人看，他们不懂得为什么一定要穿裤子。

而你对孩子这个行为的态度，会影响到孩子认知与接纳自己身体的感受，比如：我的身体是很好的；或者我的身体会带来麻烦，是不安全的。所以你会看到，这个问题的背后其实是你与你的家庭对裸露的身体和人际身体界限的态度。

如何回应孩子在家庭里的裸露行为

每个家庭对裸体的态度都是不同的，而很多成年人总是不自觉地会在性与羞耻感之间画上等号。有些家庭对裸露有地点的要求，比如不希望孩子在卧室和浴室以外的地方裸露身体。有些则对孩子光着身子在家里到处乱跑无所谓，但是要求有朋友来就不可以。有的家庭则是允许孩子在熟悉的家人面前裸露，比如爸爸妈妈、爷爷奶奶。有的只允许孩子在只有一家三口的时候裸露。

你也可以思考下，你的家庭对裸露的态度是什么？你自己裸露身体的界限是什么？孩子裸露身体的界限是什么？这些界限规则是怎么形成的？它们来自你的童年经验，还是你所接受的教育，或者是你做父母之后的学习？

思考清楚之后，当你跟孩子解释这些规定的时候，你的情绪和状态会帮助你更清晰地传递你的态度，孩子也比较容易接受你的要求。无论你的要求是什么，你大概可以从以下几个因素开始考虑。(定下规定后，你要尽可能贯彻执行，但要随着孩子逐渐长大而做相应的修正。)

第一，虽然你或者家庭对裸露身体有明确的规定，但沟通规定之前记得要先表达你对孩子的身体的尊重与赞赏。

你可以这样说：“我们每个人的身体都是很特别、很宝贵的，长大以后你的身体只能让跟你非常亲近的人看到。”孩子会感受到你对他身体的喜爱，也就比较不会因自己的身体而感到羞耻。你要同时说明你的态度，即你希望他在哪些情况下裸露身体。比如今天家里有客人时，你可以说家里有叔叔阿姨，不方便光着身子；或者你直接表达家里的规定就是只可以在房间或者洗手间裸露身体，因为其他的地方都不安全。

第二，如果你觉得裸露非常不好，实在无法接受孩子在家里光着身子，那么，至少要保留一种情况，即允许孩子享有自在裸露的空间。比如前面所说的房间和洗手间，让孩子知道自己的身体是可以在这些场所裸露的。

还有一种情况是，你的爸爸妈妈或者公公婆婆非常保守，经常会对洗澡后光溜溜地跑出来的孙子或孙女说："羞羞脸，这样不穿衣服。"或者说，他们会很焦虑地追着孩子让其穿衣服："快穿衣服，要不然会感冒。"而你又学习到要接纳孩子自在地展现身体的行为，顺应孩子的发展需求，因此觉得自己无法处理这个冲突。

你要明白的是，不是他们不好，而是他们缺乏对新知识的了解，缺乏对孩子心理发展的理解。他们担心孩子的健康，担心孩子会随意裸露身体给别人看，从而带来伤害。因此，这种行为是出于对孩子的爱。

你一方面要把这份爱解释给孩子听，另一方面也要把孩子的这个行为解释给老人听。比如，这个阶段的孩子都是这样的，他们喜欢光溜溜，喜欢不穿衣服的感觉；如果冷了，他们就会自己要求穿衣服的。你也可以让孩子习惯在房间没有老人时光着身子，让他知道在自己的空间里裸露身体是被接受的。你可以跟孩子说：“不过呢，爷爷奶奶可能不习惯，我们先披上浴巾，在房间里光溜溜怎么样？”

对于孩子是否适应社会规则的担心，以及孩子身体和性是否安全的担忧，我们需要找到合适的心理位置来解决。在那个位置，我们一面可以支持孩子的性发展需要，一面又可以通过评估我们的生活环境的压力来照顾自己的需求。

大人在家里裸露，合适吗？

孩子会有很多机会可以看见成年人裸露的身体，比如撞见爸爸妈妈在换衣服；夏天里爸爸或其他男性长辈习惯穿很少的衣服在客厅里看电视；爸爸习惯裸睡，半夜光着身子上洗手间被女儿撞见了；妈妈洗完澡后不穿衣服直接走回卧室；等等。

同在一个屋檐下，无论你对裸露持开放还是保守的态度，亲子之间的裸露都是不可避免的。很多家长问，大人这样随便让孩子看到裸露的身体会不会对孩子的性发展有不好的影响。

这里要考虑两个因素。首先是你自己的感受。

你或许不在乎让孩子看见自己的裸体，或许对在孩子面前裸露自己的身体感到非常不安，但你要清楚这都是你对自己身体的一种态度，跟你的经验、教育水平、身体意象有关系。而你换衣服是否回避孩子，以及从浴室中出来是袒露还是遮盖自己的身体，都会向孩子传递你的态度——是对自己的身体感到自然，还是对自己的身体感到害羞或者是羞耻。

所以，你要知道的是，孩子应该在平静自在的状态下面对父母的身体。你如果得穿上衣服才会自在，那就穿吧，不必为了让孩子知道裸体是自然的而勉强自己，否则将可能收获反效果。孩子也许会感受到你的尴尬，致使自己也很不安，这样你还不如穿上裤子，然后诚恳地告诉他裸体是自然的。

另一个要考虑的因素是孩子的反应。

随着孩子年龄的增长，成人在孩子面前是否继续裸露身体要取决于孩子有无过度刺激的现象。那什么是过度刺激呢？

学龄前的幼儿或者低年级的孩子在面对裸体时可能会有兴奋感，这类刺激不一定都是不好的。当兴奋状态超出孩子所能理解和承受的范围，或者孩子感到羞耻时，这就是个问题了。

比如，看到爸爸或妈妈的裸体就感到兴奋的孩子，或许无法了解自己的感受，但会忍不住紧紧盯着看或者想去触摸，同时又从家人身上知道这种反应并不适当，但却不会向家长表达这种感受，反而试图隐藏或压抑自己的反应，把自己弄得很紧张，这就是过度刺激。受到过度刺激的孩子，容易对父母身体又紧张又好奇，变得更调皮或者爱去触摸其他人的身体。他们每次看到父母裸露的身体就会咯咯发笑，或者是暴躁不安。

在这样的情况下，你就要明白自己或家人的随意裸露行为是不合适的了。你可以不动声色地开始改变自己的行为，也可以跟孩子谈谈：

> 你小的时候呢，爸爸和妈妈都会比较随意地让你看到我们的身体，因为我们觉得我们的身体是自然的，是宝贵的。不过，现在你比较大了，爸爸妈妈觉得在你面前光着身子有点不自在，因此妈妈以后换衣服呢，除了会关上门，拉上窗帘，还会让你先出去哦。

总之，关于孩子的裸露，你要知道的是，作为父母，你可以为孩子创造一个安全自在的空间，让他自在地裸露，从而感受到对于自身身体的掌握。同时你也要让孩子知道，在哪些情境下不宜裸露身体。

关于成年人的裸露，你要知道的是，你自己在裸露身体时的自在程度以及你对你自己身体的态度，还有你的孩子在成长的过程中对成年人裸露身体的兴趣是否超出了他这个年龄该有的认知。

现在，回到章节开始的“价值观卡片”，你对这些问题的思考有新的变化吗？欢迎你写下来并进行整理。

小知识

（1）身体意象：指的是个体对自己身体的认知和评价，是个体自我意识中最早萌芽的部分，也是自我概念的一个重要的基础部分。身体意象涉及个体对自己的相貌、体格、体能等的看法和评价，也受社会文化和他人评价的影响，具有多维度、多层次和不断发展变化的特点。

（2）过度刺激：幼儿或者小学低年级的孩子在面对裸体时，可能会产生兴奋感。这种刺激未必都是不好的，但如果兴奋状态超出孩子所能理解、承受的范围，或者让孩子感觉到羞耻，就是有问题了。受到过度刺激的孩子会表现出紧张，或者出现怪异行为。

第6章

孩子开始说与性有关的脏话，怎么处理比较好？

价值观卡片

以下几个问题涉及你对孩子掌控自己的身体、孩子的独立自主以及完美小孩的价值观和一些态度。

这种价值观会影响你对孩子的回应态度以及你与孩子的互动，思考的过程能够帮助你认识和整理自己的教养哲学。

1. 你觉得身体的排泄物很恶心吗？
2. 你或你的伴侣很爱讲脏话吗？
3. 你希望孩子在外面的表现让你很有面子吗？
4. 你或者你的伴侣的家教严吗？父母对你们要求很高吗？
5. 你是如何看待“三岁看大，七岁看老”这种格言警句的？

儿童的性语言现象

孩子进入幼儿园，伙伴多了之后，就会对性慢慢产生更多的好奇，这个好奇经常会通过言语或行为表现出来。你仔细观察就会发现，只要提起什么屎啊，尿啊，屁股啊，3～6岁的孩子就会笑得停不下来。他们还会延展更多的想象，比如谁谁谁吃了它，谁谁谁摸了它，等等。有时候孩子不想吃你要求他吃的东西，就会生气地喊："我不要吃了，这味道像屎一样。"

这些涉及身体的生殖器官或排泄物的语言是性语言，儿童会使用性语言是儿童性心理发展进程中自然出现的现象。如果你不了解儿童性心理的发展，就会以成人的眼光来看待孩子，加上孩子有的时候还会说一些骂人的脏话，因此你更容易评判孩子的言语粗鲁不雅。根据自己的评判，你会要求孩子讲文明的语言，也会限定孩子不得再讲这些粗话、脏话。

而在另一些情况下，你会觉得哭笑不得。比如你撞见你的儿子跟几个男孩子在学校的操场边上，并排脱了裤子亮出小阴茎来比赛尿尿，看谁尿得最远；或者是你让女儿在浴缸里洗澡玩耍，正准备喊"时间到了该穿衣服了"，推开门却发现女儿正站在那里挺直了腰，努力像男孩一样尿尿；或者你还会发现一起洗澡的兄弟俩在你转身的那会儿互相把尿尿到对方身上；等等。你不能理解，孩子们为什么会这么热衷于谈论和探索生殖器官以及生殖器官的排泄物。而更加让你头疼的是，孩子不仅热衷于讲有关屎尿屁的粗话，而且喜欢讲这些与生殖器官有关的脏话，这经常让你在公众场合非常难堪。

我们先来看一位妈妈的求助：

3岁半的小朋友，今天说脏话了，我打了他。我越说他，他反而还越来劲了。当时在商场里面，那个店员以一种鄙夷的眼神看着孩子，露出一副嫌弃小孩没有家教的表情。实在碍于面子，我就打了他几次，脸都打红了。我也觉得我这种处理方式不对，可是又不知道该怎么办。在外面他总这样做，别人会说我们家人没教养。

这位妈妈非常焦虑，也很无助，不知道该怎么办才好。

孩子为什么喜欢使用性语言或说脏话？

我们先来看这个年纪的孩子为什么喜欢使用性语言或说脏话？

3～6岁的孩子会经历一个语言和社交敏感期，从学会说话到发现语言的魔力的过程中，他们发现语言是有力量的，是能够对别人产生影响力的。当他说出带有屎、尿、屁的句子时，比如“我不要吃了，这味道像屎一样”，大人会有跟平常不一样的反应。有的会哈哈大笑，故意装作闻到了很臭的气味；有的会义正词严地教育他“屎”这个词是不能随便讲的，尤其不能跟吃的一起讲，太恶心了。而当他发现说出一些诅咒，比如“你这个笨蛋，你这个傻瓜，我要打死你”等，大人的反应会非常激烈时，他感受到了语言具有的吸引别人或者激怒别人的力量。尤其是当他想要拒绝、反抗的时候，讲出这样的话是超级爽的。

他是从哪里学习到这些的，以及为什么这么做呢？

日常试探和观察

比如拉了大便之后，他可能正想研究从自己身体里出来的东西，大人却在一旁碎碎念或者喋喋不休地教导说：“这个东西很脏很臭，拉完就要赶紧冲走。”出于对身体的好奇，他会有很多的想象，比如“大便是怎么形成的？”“它来自哪里？”“为什么大便会很臭很脏？”“为什么我的屁股可以拉出大便？”他也会从日常别人上厕所关门，对屁股或阴部几乎不提的态度中隐约感知到这个身体部位是禁忌的，是特殊的。

因为好奇和有趣而进行模仿

当有一天听见爸爸在打电话，愤怒地对着电话吼出“你这个傻蛋”时，他立即就感受到了脏话的力量和趣味。也有些孩子说脏话是从模仿其他小朋友开始的，并逐渐发现更多的乐趣。比如，他感觉发“pi”音特别有趣，甚至还会在发“pi”音时伴随着喷口水的行为。如果你第一次听到时认为这样发音不雅，认为对屁股感兴趣是很下流的，那你鄙夷的神态会让他记住你对屁股的看法。

试图引起关注

家长的过度反应和错误关注，容易导致孩子通过说脏话来试图取悦或者激怒成人，以获得更多的关注。当然，还有一个目的是发泄情绪。随着孩子认知能力的发展，他在认识到这些脏话所代表的消极含义后，可能会用说脏话来排解激烈或较负面的情绪，比如愤怒、悲伤、不高兴等。

对热衷于使用性语言的孩子，家长该怎么办？

我想先邀请你回答一下，在日常生活中，当听到你的孩子正在讲粗话时，你的感受是什么样的？你的内心出现了什么声音？

大部分家长闪过的念头是：

这正常吗？

我的小孩为什么会这样？

我要怎样才能让他不再讲这些无聊又没有礼貌的话语？

由此，你感受到的情绪是什么？疑惑，不安，紧张还是担心？担心家里长辈会对孩子有看法，或担心别人会评判你的孩子没有教养，从而责怪你身为父母不够尽责？这样的情绪反应是很多人都会有的，因为我们自己成长的文化环境和社会环境，就一直在传递这样的观点和态度。我们想做完美的父母，想取得很多人的肯定和认可，想赢得脸面和朋友的尊重，还对自己有很多的期待。

但是我们不知道的是，孩子的这些行为与孩子是不是坏孩子并没有多大关系。很多家庭的孩子都经常讲这样的语言，如鸡鸡啦，奶奶（NAI NAI）啦，屁股啦，大便啦，尿尿啦。这样一想，你是不是就可以安下心来——“我的孩子并没有不正常啊”。

当知道了孩子对生殖器官有语言上的兴趣或行为上的探索是儿童性心理发展过程中常见的现象后，你是不是会觉得轻松不少？当你能够安顿好自己的情绪后，可以试着做出以下几种回应。

1. 回应孩子的情绪

当看见孩子在讲这些语言的同时伴有强烈的情绪时，你可以先共情以回应孩子的情绪。比如蹲下来，看着孩子说：

你是想说你很生气，对吗？

我看见你现在很愤怒，来跟妈妈讲讲，发生了什么？

2. 对孩子的行为不予以正面强化，也不予以负面强化

你如果发现孩子并不是受情绪驱动，只是好奇地模仿或者是试探，那可以按捺住自己对他做更多来自成人思维的评判的冲动，对孩子做更多的观察。观察孩子的人际关系，观察孩子会在什么时候使用这样的语言或表现出这样的行为。有时候孩子在热衷了一段时间之后，兴致会慢慢消退，之后自然就停下来了。

3. 简单的回应和解释，让孩子知道语言是有使用语境的

你如果发现孩子在人际交往时很热衷于使用这样的语言来吸引别人的注意力，那可以跟孩子解释人际交往中出现的一些实际情况。比如跟孩子解释跟生殖器官有关的语言在大人看来是有些冒犯和不礼貌的，所以大人不喜欢听；同时你也可以表示你能够理解为什么他们小朋友会很喜欢这些语言。因此下次他讲这个话之前，将思考听的人会不会不舒服。

你也要告诉他人和人之间是有区别的，并不是所有的小朋友都会喜欢这些语言。这些引导都可以用平静的语气告诉孩子，让孩子知道可以和不可以的边界是怎么一回事。同时你也要留意自己平时对孩子的关注是不是太少，他是否需要用这样的方法来让你关注他，或用特别的行为来得到你的爱。

4. 加入与孩子的游戏互动

比如融入其提及大便尿尿的游戏里，跟孩子一起大喊“好臭啊，好怕啊”；也可以在孩子处于语言敏感期时，在孩子的睡前故事里加入跟生殖器官有关的故事绘本，像《我们一起聊大便》《便便去哪儿了》《呀！屁股》《小鸡鸡的故事》等等。父母可以跟孩子一起朗读绘本，或一起玩角色扮演游戏，顺应孩子敏感期的心理发展规律，帮助他了解他所好奇和关注的事情。

你也可以在游戏里随时帮助孩子建立区分人际界限的能力，一旦自己有不舒服的感受，就立即喊停。通过这种方式，你可以给孩子示范或帮助孩子练习如何理解并停止那些让别人不舒服的行为。这样的回应让孩子感受到的是：“爸爸或妈妈愿意花时间陪伴我并给我讲故事，愿意回应我关注的事情。”孩子能从中体会到父母陪伴的力量，这种同在感加强了亲子联结，是你们日后谈性的重要基础。

正确回应需要的能力

当然，这些回应包含了很多知识和能力，比如理解自己对粗话敏感的反应来源，寻找相关的动画影片和合适的绘本，看见孩子的性发展在人际中的影响——因为孩子频繁使用这些语言已经影响到了人际关系。掌握这些能力，需要你平常的学习和了解。成为学习型的父母，看见更多的可能，是孩子出生后你可以送给自己和孩子最宝贵的礼物。你还需要运用更多的专业资源，和你所信赖的老师或家长团体一起合作探索孩子言行背后的需求，学习并掌握与孩子性健康相关的知识与能力。

身体是我们从出生以来感受最多的存在。孩子对身体（包括从身体里排泄出来的东西）的认知和感受会生出很多的创造力和想象力。在日常生活中，如果父母不仅允许孩子展现对身体的好奇和探索，还协助孩子打开五官，实践各式各样的可能的探索，那父母无形中传递给孩子的性态度和性教育哲学就是：性，是无所不在的，是自然而然的。

父母在这样的陪伴和引导中，温暖回应着孩子逐渐增长的性好奇。那么，想象10年后，你的孩子进入了青春期。在此阶段，他们就会感受到他前面十几年来一直体验和内化的东西所具有的重要意义。你们的关系中有着那样一根隐形的线：你们是可以谈性的。

读到这里，让我们回过头来再看一遍本章开头的卡片上的问题。你对这些问题的答案有变化吗？这些变化在哪里？

小知识

（1）敏感期：指在0～6岁的成长过程中，儿童受内在生命力的驱动，在某个时间段内专心吸收环境中某一事物的特质，并不断重复实践的过程。蒙台梭利认为儿童在0～6岁的发展阶段会有六个敏感期：分别是秩序敏感期，语言敏感期，感官精致化敏感期，细小事物敏感期，动作协调敏感期，社会性行为敏感期。

（2）语言敏感期：语言敏感期是孩子语言能力形成的关键时期。在这个过程中，他发现了语言的秘密，以及语言本身是有力量的。其具体有四个表现：鹦鹉学舌地不断重复成人跟他的对话，喜欢凑近别人的耳朵说悄悄话，喜欢说含有屎尿屁等字眼的脏话或者诅咒的话语，有的时候因为兴奋或者紧张而突然口吃。

第 7 章

做爱被孩子看见了，这可怎么办？

价值观卡片

1. 你习惯在孩子面前裸体吗？
2. 你可以与另一半自在地讨论两人之间的性生活吗？
3. 你允许孩子对你提一些关于身体或隐私方面的问题吗？
4. 当你感觉羞耻时，你最常见的反应是什么？
5. 到目前为止，你可以自然地讲出生殖器官的名称吗？

在孩子年幼的时候，为了照顾方便，中国大部分的父母都是跟孩子睡在一起的。这样长的时间里，夫妻也不大可能完全不发生性生活。而且，即使孩子大一些，分房间睡觉，孩子撞见父母正在做爱，也是一件生活中常发生的事情。如何回应才比较好呢？回答这个问题之前，我们先来看一些其他问题。

父母做爱是否要避开婴幼儿？

说实话，当和伴侣决定生养小孩时，你就要做好准备接受小孩的到来会改变你们俩的亲密关系的事实，包括影响自身的性欲。除了对自己的影响，你还要学习有关儿童心理和性心理的知识与技能，以便应对孩子撞见你们的性爱时的状况；因为性教育一旦涉及自己的隐私，开展起来就会变得非常困难。

小孩儿出生后，夫妻二人将面临很多挑战，例如缺乏时间、睡眠和隐私。一般来说一年之后，缺乏时间和睡眠的问题会好转很多；但随之而来的是另一个以前没有出现过的问题，即当你们想要做爱时，却发现身边突然多了个人。

性爱是一件非常隐私的事情，所以当身边多了一个人时，你觉得怪怪的是非常正常的。你可以觉察下这种怪怪的感觉是什么。有的人是觉得自己没有了隐私，在孩子面前裸露身体会非常不自在。有的人是担心这会对孩子产生不好的影响，不知道孩子会怎么消化父母做爱这个行为。

然后依据你的条件，依据孩子的年龄，尊重自己的感受，基于孩子的发展需要，你再看看你能够做出的最好的选择是什么？很多夫妻会选择在孩子睡着之后开始做爱。但当孩子2岁之后，你如果不想让孩子撞见你们的性生活，就要考虑跟孩子分房间或者分床睡觉了。

然后，你要记得告诉孩子，进你的房间之前要先敲门，等你说"可以"之后再打开，这是一种礼貌。你在跟你的伴侣亲热之前，记得要锁门。分床睡觉基本上还是避免不了装睡的孩子偷看你们做爱的行为或偷听你们做爱的声音，因此你们要非常谨慎。

很多家长询问，父母在熟睡的孩子身边做爱会不会影响到孩子。这个主要看孩子当时的感受，以及孩子日后形成的对性的感受。比如几个月大的孩子，父母在他身边做爱时，他能感受到的是父母做爱时所传递的情绪与感受——爸爸妈妈是开心的、兴奋的，还是埋怨的、讨厌的。如果孩子是醒着的，那爸爸妈妈对醒着的婴儿的回应是什么。这个时候解释的语言对孩子是没有意义的。

孩子再大一些，比如四五岁，他如果此前并没有任何关于性或性行为的认识，那除了感受父母当下的情绪状态外，还会有自己的角度的思考。这些思考来源于他平时对父母关系的观察，以及对家庭氛围的感受。如果是父母总是吵架的家庭，孩子可能就会在想，爸爸妈妈是不是吵架了，爸爸在欺负妈妈？如果是家庭氛围比较平和的家庭，孩子可能就会很困惑，爸爸妈妈为什么要这样做？孩子如果已经对性有了概念和含糊不清的羞耻感，就可能会立即产生羞耻的情绪，认为爸爸妈妈在做一件很龌龊的事情。

其实一个孩子如果从父母那里学习了对性没有偏见的态度，如果知道父母相爱且有性生活，是会很开心的，因为他知道父母的关系和感情稳定。这也并不是说父母需要做爱给孩子看，而是父母的性生活是否美好和协调，孩子是会有感受的。但如果你的家庭一直对性持有羞耻和遮遮掩掩的态度，孩子就会被性所吸引，而这个事情就会变成一个刺激，成为他心底的一个秘密印记。这对孩子的性心理发展是有负面的影响的。

实际上，无论你做了多么周全的准备，纰漏还是会不可避免地出现。也许哪天你们正在欢愉之际，发现4岁的孩子不知道何时已经站在床头，期盼你们能发现他，你们也真的注意到他了，但你已经完全不知所措。很多家长会在慌乱之际，呵斥孩子回自己的房间去。那一刻的羞愧和懊恼简直无法言语。

看见爸爸妈妈做爱究竟会对小孩子产生什么影响？

目前的研究表示，正向、反向、无影响的结论都有。听到这个答案，你会不会觉得好受一点？实际上也确实如此。孩子对这种事的反应取决于他如何看待这件事情。而孩子如何看待这件事情取决于孩子对父母做爱这个行为的现有理解，以及父母当时的回应或处理给他带来的影响。

例如，孩子看到父母正激烈狂野地做爱，而他生活在有家庭暴力或父母经常愤怒的家庭里，那孩子有可能会以为爸爸在伤害妈妈，因此也许会被吓到；如果这个家将裸体视为一种禁忌，那孩子对裸体会很敏感，会很困惑为什么爸爸妈妈都没有穿衣服。同样，父母会因为突发的状况（对裸体和性感到羞耻）而情绪无法自控，以至于吼叫或者谴责孩子。孩子搞不懂爸爸妈妈为何生气，他在当下所体验的感受和心理的困惑交杂在一起，会直接让其产生对性的负面的感知。尤其当他日后长大成人，习得性的羞耻感后，这样的记忆对他而言就是一种创伤。

孩子撞见父母做爱，该怎么办？

在事情发生的当下，如果你能够辅导孩子，告诉他做爱是正常且正面的事，会比他自己随意乱想要好。因此，你最好先停下动作，遮住身体，深呼吸，等自己能自在地跟孩子说话后，再问他来爸爸妈妈房间是想做什么。如果孩子说想喝水，那你就叫他先乖乖到门外等一会儿，然后你再穿上衣服，冷静下来带他去喝水。喝完水，送孩子回到他自己的房间，即使孩子似乎对刚才所见的不好奇，没有问你任何问题，你也要稍做解释。除了解释你们正在做爱，那是相爱的大人会做的事情外，更重要的是要引导孩子讲出他内心由此产生的感受与想法。

你刚才进来的时候，我们正在做爱。大人会用这种方式互相表达爱意。

然后让他发问，等你回答完，再说出第二个重点：

你刚开始推开房间门的时候，一定很吃惊吧？你看见了什么？你认为爸爸妈妈在做什么？

随着孩子的回应，你再跟进和澄清。这个谈话对四五岁的孩子来说不需要太复杂，但要态度平静、思路清晰以及澄清误会。这样的谈话会帮助孩子解除一些困惑，而你也会更安心。在这个过程中你一定要态度自然而温和，不断和孩子确认他的感受和想法，让他把不理解的问题都讲出来。最后你也不要忘记给你的孩子一个拥抱，告诉他你爱他。

回应孩子对父母隐私的好奇

如果在家里你能够逐渐跟孩子谈论性的话题，这就意味着你建构了一个很好的性教育家庭环境。不过，随之而来的是孩子对你们隐私的窥探和好奇，以及对隐私界限的试探。孩子可能会提出一些过分的要求，比如，“我可以看看你光着身体的样子吗？”或者说“我想看看你的阴部”或“我想看爸爸的阴茎”。甚至在你跟孩子讲了生命的诞生过程后，他会提出：“我可以看看爸爸把阴茎放到你身体的哪里去了吗？”

不要为此很恼怒，也不需要呵斥孩子什么问题可以问、什么问题不可以问。你应该高兴的是，你的孩子愿意把这些困惑讲出来，这说明你的家庭的谈性渠道是敞开的，谈性氛围是轻松的。而他对性的隐私尺度的把握正需要你的教导。

因此，你要回到自己身上，哪些好奇是你坚决不可以满足他的，哪些好奇是你可以满足的。比如，孩子说想看你的裸体，你的感受是什么？你在孩子面前裸体会不自在吗？你如果觉得没有什么问题，那就可以考虑跟孩子一起洗澡。你如果觉得你从小到大对裸体的感觉都是很不自然的，那就尊重自己，告诉孩子：

> 真是抱歉，虽然妈妈很喜欢自己裸体的样子，很喜欢自己的身体，但妈妈不是很喜欢在别人面前光着身子，哪怕在你面前也会不自在。因此，妈妈想问，你是不是对成年女性的身体很好奇？

如果他回答“是”，那么你就可以去找身体的一些对比图片，包括女性的、男性的，从婴幼儿的一直到成年的，慢慢跟他讲解。在这个过程中你也可以让他拿自己的身体来做示范，对比着去认识身体和身体上的各个部位。

同样，如果孩子提出想看阴部或爸爸的阴茎，那也可以这样处理。你如果可以用自己的身体做示范，那就在洗澡的时候自然地让孩子观察，并做名称和功能的相关解释，帮助他认知和理解人体的生殖器官。你如果做不到，那就选取一些美观清晰的生殖器官的图片，帮助孩子了解人体生殖器官的生理结构和功能。

对于孩子想看性交过程，你可以明确告诉他，性行为是非常隐私的事情，不可以展示给别人看。但你可以在孩子了解生殖器官的功能的基础上，准备好相关的图片，告诉孩子性交的过程是怎样的。

所以，当孩子的提问涉及你的隐私时，这也是一个很好的性教育时机。这个过程中，你可以教给孩子身体或性的相关知识，也可以帮助孩子建立关于身体的隐私原则，明确告诉孩子哪些事情是可以做的，哪些事情是不可以做的。孩子在这样的过程中会慢慢习得：隐私的概念是什么，对身体或性的态度是什么，什么叫作尊重别人的隐私，什么叫作保护自己的隐私，人际交往的身体界限和隐私界限在哪里。

好了，我们现在同样可以回到文章开头的“价值观卡片”，请你重新思考这些问题，并将答案跟你的伴侣或伙伴分享。

小知识

性规范：是人们从社会中学习到的关于性反应的内容，是对于进行性行为的规定，包括和谁，为什么，在什么时间、地点，以什么方式等。

性规范包含的价值和观点影响着人们一生对性的态度，可以作为人们性行为的外部来源，在很大程度上决定人们采取的性行为类型。性规范不仅是个人对自己的约束，还包含着人们对性伙伴的期望。

第 8 章

孩子总是问自己是怎么来的，该如何回答？

价值观卡片

1. 你可以坦然地讲出生殖器官的名称吗？
2. 谈起性交行为，你会觉得很紧张吗？
3. 孩子的到来是你们期待的吗？
4. 如果你是妈妈，你对自己的孕产过程满意吗？
5. 你很满意家庭里另一半对孩子的照顾吗？

“我从哪里来？”大概是孩子长大过程中绕不开的问题。因为谈性的不自然，很多父母很难拿捏回答孩子问题的分寸。下面我们就来聊聊这个话题。

理解孩子对生命来源的好奇行为

大部分孩子到了4岁都会开始思考“自己是从哪里来的”这个事情。这个时候因为孩子的问题并不会很深入，所以你可以告诉自己不要那么紧张。孩子们想知道的是宝宝是从哪里来的，他们出生之前在什么地方，出生之后是怎么长大的。

但你如果之前没有接受过任何性教育知识，那么还是要稍微做一些准备的；否则，被提问的当下，你可能会立即被成年人对性的惯常羞耻感所驱动，而想着怎么说个谎骗过去。但同时你也传递了你并不想和孩子讨论性话题的态度。

你觉得这是一个很敏感的话题，但实际上在这个年龄的孩子那里，这跟他提问像“辣椒为什么吃起来很辣”这样的问题一样自然。而且，这个年龄的孩子有着具象思维，充满着魔幻的想象力。如果你编一个故事给他，他就会做很多的联想，然后产生更多的疑惑，你就得不断地编下去；或者你呵斥他“小孩子不要问这么多，长大了自然就知道了。”这种对性的态度显然并不是你想要传递给孩子的。

事实上，这个年龄的孩子并不会对致使宝宝形成的涉及性交的具体细节特别感兴趣；他更关心这个生命是怎么形成的，怎么进入妈妈的身体的，又是怎么出来的。因此，你只要科学且如实地完整回答孩子就可以，耐心地等待孩子下一次更复杂的提问。当下一次孩子又有兴趣追问关于自己是怎么长大的问题，或者关心某个怀孕的阿姨肚子里的宝宝是怎么回事时，你可以抓紧机会重复一遍，然后再深入一点，观察孩子是否还在忽闪着眼睛等着你的回答。

回应时的注意事项

首先，确认孩子脑袋里对这个问题是否已经有想法

很多孩子在提问之前，已经有自己幻想出来的答案或者受别人启发而得出的答案了。

比如，你可以问孩子："你觉得小孩是从哪里来的？怎么来的呢？"无论他的回答是不是符合常识，你大概都可以判断孩子这个时候已经知道了什么，那么谈话就可以从他现有的知识和他困惑的地方开始。

其次，你要做好多次重复回答和讨论这个话题的准备

这个年龄的孩子第一次提问很有可能只是希望确认婴儿和

母亲的关系；或者因为认知的限制，他可能更多地想知道宝宝是从哪里来的，出生前在哪里。

当你回答宝宝是从妈妈肚子里一个叫子宫的地方出来的时候，孩子可能会很开心地贴在妈妈肚子上甜蜜一会儿，然后就跑走了。而过了一两年，他突然又想起了另一个问题，那宝宝是怎么进入到子宫里的呢？

回答这个问题通常涉及如何跟孩子解释性交行为，很多父母会因此而紧张，不知道如何拿捏尺度。其实，答案就是科学地讲解事实。一个简要的回答版本就是，宝宝的诞生需要男性身体里的一个精子和女性身体里的一个卵子，它们结合成受精卵后在女性身体里的一个叫作子宫的地方长大，然后发育成宝宝。

很多时候，一个4岁的孩子听了这个答案后就会满足地走开。但过不了多久，比如一年后，他可能就会来继续向你提问，那精子和卵子到底是怎么结合的？

有了前面的简要知识做基础铺垫，你就要开始讲更详细的怀孕过程了。在回答之前，你要评估自己是否可以自然地使用科学的名称，比如阴茎、睾丸、阴道和子宫等。如果做不到，那么私底下要做一些脱敏练习。你要确保孩子也明白这些身体器官在男人和女人身上的位置，但不需要了解太复杂的器官功能。

最后，记得用孩子听得懂的语言

比如，当你说男人的身体里会产生精子，那孩子可能会继续问：精子是什么东西，长什么样子。你可以回答他：精子是男性身体里的一种很微小的细胞，需要用显微镜才能看得见。同样，卵子也非常微小。

一个完整的回答可以是这样的。首先，科学平静地解释性交行为：

> 当一个男人和一个女人彼此相爱，想生宝宝时，两个人就会靠得很近。这个时候，男人会把阴茎放到女人的阴道里，摩擦之后精子会从阴茎里跑出来，通过阴道游到女人的子宫里。

这个时候你可以停下来看看孩子的反应。如果孩子正眼睛发亮地等着你继续，你就继续说：

> 一旦精子被送到了子宫里，其中那个最幸运的精子最终会与在输卵管里的卵子结合形成受精卵。随后受精卵不断分裂，发育成小宝宝，然后小宝宝就会开始成长。小宝宝是在子宫里长大的，而子宫是一个由强壮的肌肉组成的特殊的袋子，在妈妈肚子的底部。

你可以给他指一指子宫的大概位置。然后继续说：

> 子宫连接着阴道口，它差不多和你的拳头一样大。当有个小宝宝在里面成长的时候，子宫就会被撑得越

来越大。你还记得菲菲阿姨吗？她就是因为肚子里有个宝宝，所以肚子看起来很大。管一个怀孕的女人叫胖子，是不文明而且不公平的。她不是胖，只是身体被孩子撑大了。当孩子出生以后，子宫会缩小，就像是气球被放了气。

如果孩子对宝宝在妈妈子宫里的生活很感兴趣，那么你可以准备一些怀孕生产的图片。图片会更形象生动一些。

然后，解释子宫与羊水。你可以告诉孩子：

事实上，宝宝是在两层口袋里成长起来的：外面的口袋由肌肉组成，叫作子宫；里面的那个口袋里充满了水，这个水叫作羊水，是用来保护宝宝的。如果母亲摔倒了或是出了什么意外，宝宝在水中受到震荡，比较不容易受到伤害。当然了，宝宝在水中是没法呼吸、吃东西的，所以在婴儿肚脐处长有一根脐带。

这个时候清晰的图片是非常有帮助的。

胎儿血液借助胎盘上绒毛的渗透作用与母亲的血液进行物质交换，获得氧气、维生素和其他营养物质。宝宝并不吃真正的食物，比如米饭、牛奶之类的。宝宝所有的能量都来自妈妈，妈妈会消化好，然后直接把成长所需要的营养输送给宝宝。宝宝不需要也不会在子宫里大小便，要不麻烦可就大了。

如果孩子对宝宝出生的过程很感兴趣，那你可以继续跟孩子讲：

当宝宝快要出生的时候，子宫强健的肌肉就开始收缩、放松，再收缩、再放松，这叫作宫缩。宫缩一般会持续几个小时。

然后，简单解释生孩子时的状况。这时候，你也可以告诉孩子：

小宝贝是非常喜欢这种收缩的，因为他们觉得这像是紧紧的拥抱。事实上，这也是为宝宝出生后自己呼吸做准备。宫缩对宝宝来说是很有好处的。

几个小时后，收缩运动会把羊水袋挤破，羊水从阴道里流出来，使阴道湿润，就像是滑水道。所以说，你经历的第一次滑水就是从妈妈的阴道里滑出来的那一次。这对宝宝来说很有趣，妈妈虽然会感觉到很痛，但因为期待见到你，妈妈完全能够忍受。

有时候，有的妈妈无法把孩子从她的阴道推出。这时，医生只能在她的子宫上开一个口子，把孩子取出来，这叫作剖宫产。

新出生的孩子学会的第一件事是呼吸。当宝宝的呼吸正常后，医生或助产士就能用干净的剪刀把靠近在孩子肚脐处的脐带剪断。这就像剪头发一样，不会伤害母亲和孩子。

几天后，剩下的那一小段脐带会干燥脱落。同时，你肚脐上的伤疤会自动愈合，而且再也不会裂开。这是你的第一个伤疤，这个伤疤是你曾经与妈妈连接的印记。

孩子出生几分钟之后，子宫会继续收缩，把脐带的另一头也推出妈妈的身体。医生会帮助妈妈处理这个叫胎盘的东西，这样妈妈的子宫就又能恢复到怀孕之前的样子。

这样一个完整的讲解流程，你大概可以对6岁之前的孩子讲很多次。有的孩子会非常感兴趣，会一遍一遍地问你，直到他已经完全熟悉了整个流程；有的孩子可能听一遍就跑掉了。这些都是很正常的，你要知道每个孩子的兴趣点都是不一样的。

如果孩子不是通过常规的怀孕或生产来到这个世界的

并不是所有的孩子都是以同样的方式来到人世间的，如果你的孩子属于这样的情况，那么你需要提前准备一个适合其情况的答案。

等孩子长大，他自然会知道其他小孩是怎么生出来的。应该在什么时候、用什么方法告诉孩子他是领养的或者是试管宝宝，这也是你需要考虑的问题。你需要让这个年龄的孩子能够听懂，不会误会你，但又不能隐瞒太久，以免造成伤害。

一些曾接受辅助生殖技术的帮助的家长，在回答孩子的问题时，会故意略去医学的细节。比如，对你4岁的孩子，你可以这样说：

> 生孩子有三个条件：女人的卵子和男人的精子结合，结合后产生受精卵，这个受精卵会在女人的子宫中慢慢长成宝宝。这三件事都完成了，宝宝才能出生。

这样的答案很适合此类家长向孩子做解释。不过至于具体什么时候开始跟孩子讨论，就看各个家庭自己的状况了。

如果你的孩子是领养的，那你可以告诉他：

> 你是在另一个妈妈的子宫里长大的，她出于一些特殊的原因不能照顾你，而我们非常想要一个宝宝，所以把你带回了家。我们非常爱你。

总之，你无论觉得有多尴尬或不安，都需要发挥一点创造力，不要隐藏生命的形成的基本事实。而同时，你需要有一个可以跟孩子谈谈的关于他来到你们家的特别的故事。随着孩子慢慢长大，这个特别的故事也会慢慢变得丰富和完整。因此从一开始就和另一半讨论好故事的框架，确定孩子到了哪个年纪可以完整地了解有关自己生命的真实故事是有必要的。

如果孩子从来不问这个问题，怎么办？

如果你的孩子从来不问宝宝是从哪儿来的和怎么来的这类问题，你就需要在生活中寻找可教时机，主动提出这样的问题来引导孩子思考，帮助他了解生命的诞生过程。

比如，当你们一起读一本有关怀孕生产的绘本，或者有朋友正怀着孕，或者带孩子探望刚刚出生的婴儿时，你都可以随口跟孩子聊聊："宝贝，你知道宝宝是怎么出生的吗？"

这样会让孩子知道你是愿意跟他讨论这样的问题的，就算他当时并没有很大的兴趣也没有关系。相信用不了多久，他就会开始思考这类问题了。很多孩子不问，不是因为他们不感兴趣，而是因为家长没有在家庭里创造相应的谈性的氛围，反而让孩子感受到了紧张并将谈性视为禁忌，因此自然就压抑了这部分好奇。

读到这里，相信你已经对如何回答这个问题有了比较好的准备。我们可以翻到这一章的开头，重新回答这一章的"价值观卡片"中的问题，以便你更好地认知自己。

小知识

（1）心理隐喻：一种比喻，用类似事物暗示来感知、体验、想象、理解和谈论某个时期的心理行为。学龄前及低年级的孩子不懂得隐喻，会用离奇的想象对其进行加工；因为他们的思考很直接。因此用隐喻的方式来跟孩子讲性交行为是不恰当的。

（2）跟孩子谈性的基本原则：跟年纪小的孩子谈事实，跟年纪大的孩子谈感情。

第 9 章

孩子说要嫁给爸爸或娶妈妈，这有问题吗 ？

价值观卡片

很多孩子都会在幼儿阶段经历一段婚姻敏感期。很多父母不理解，随意干预并贴标签，给孩子带来了很多负面的影响。

这跟你对儿童的情感发展的理解，你对家庭亲密关系的满意程度都是有关系的。我们先来看下面的问题。

1. 你满意你当前的亲密关系或婚姻关系吗？
2. 你会随意表达对伴侣的负面评价吗？
3. 你对表达爱或性会感觉到羞耻吗？
4. 你能坦然接受孩子对你爱的表达吗？
5. 你对孩子未来的婚姻有什么样的期待？

理解儿童的婚姻敏感期

四五岁的孩子经常会一脸认真地对爸爸或妈妈说：

妈妈，我长大后要跟你结婚。

我长大后谁都不嫁，就嫁给爸爸。

当听到四五岁的孩子这么稚气的表白时，你一定非常感动。

婚姻敏感期一般出现在孩子4岁左右，这其实是孩子性别意识和自我意识发展的一个时期。在敏感期的开始，孩子通常先表现出对父母的喜欢，然后再慢慢将喜欢的对象扩展到周围的异性。比较常见的行为表现是：总是要把自己喜欢的东西和对方分享，也会和小朋友玩过家家的游戏。

在语言上，处于婚姻敏感期的孩子也会有很多惊人的话语。比如，女儿直接跟爸爸说："你跟你老婆离婚吧，我要跟你结婚。"有一位妈妈说，她儿子跟她说："妈妈，我以后要跟你结婚。"妈妈回答他说："我已经有老公了呢。"这个孩子说："等我长大，他应该已经死了。"

这样的话语听起来真是令人想笑却又不知道该怎么回应。还有5岁的姐姐总是会说，长大以后要跟弟弟结婚，这样一家人就可以永远在一起了。

除了在家人之中表达，很多孩子会把"喜欢"和"爱"的对象慢慢拓展到周围的玩伴或者是幼儿园的小伙伴。还有一位妈妈分享说，放学时孩子在车上和她说："妈妈，我喜欢我们班的谁谁谁，我想跟她谈恋爱。”

这样的言语只会让爸爸妈妈们觉得童言无忌，因为他们不知道怎么回应，所以一笑了之就过去了。但如果孩子说要跟同性结婚，估计会有不少异性恋家长不知道如何回应。

先不要惊慌，实际上这些语言信号，并不代表孩子“早恋了”，而是代表孩子的婚姻敏感期来了。你的正确回应，也是教会孩子拥有正确择偶观、恋爱观的最佳启蒙。

回应时的注意事项

那么，当孩子处于婚姻敏感期时，作为父母在回应时要注意些什么呢？

1. 回应要清晰地表达爱与边界

当你4岁的孩子说长大后要跟你结婚或生宝宝时，你的回应会影响孩子对你的依恋和对自己的认知。对孩子的讨好视而不见，一味地强调“不可以”，会让孩子以为你讨厌他，甚至觉得自己不值得被爱。而对孩子的回应过于热烈，或者模棱两可，又会造成孩子在亲密边界问题上存在困扰。

你需要在两极之间找到一个既表达鼓励认可又能明确界限的方式，帮助他安全地迈进爱的世界。

我们首先需要看见孩子对爱的回应、连接的需要。当儿子抱住你说他想娶你时，你也可以回抱他，告诉他你也好爱他，并让他知道他不能娶你，因为你是他妈妈。有的孩子可能会继续问：“为什么我不能跟妈妈结婚？”你可以告诉他：“因为我已经跟爸爸结婚了。你以后长大了也会遇到喜欢的女生，跟她结婚，然后生一个你们的孩子，你们会像我爱你那样爱他。”

2. 回应要表达对孩子言行的尊重

当孩子表达出这样的喜欢时，你要给孩子足够的尊重。要知道孩子会用 “男朋友”“女朋友”“老公”“老婆” 来称呼其他小朋友，这并不意味着孩子早熟，你也不需要进行很多不必要的联想。他们只是在生活中进行所有孩童都会做的观察和模仿，然后在模仿中慢慢学习对爱和婚姻的初步理解。你要去掉成年人的有色眼镜，学习一些有关儿童心理发展的基本知识，带着欣赏和尊重的态度回应。

曾经有一位朋友说，她对父母失望就是从小时候妈妈粗暴地对待她与伙伴玩结婚游戏时开始的。她说：“5岁的我一脸幸福地玩结婚游戏，然后妈妈当着全院小朋友的面，一边骂我不要脸，一边拎着我脖领子把我拽回家。从那之后，我对‘结婚’这两个字就莫名恐惧。就连成年后，当喜欢的人靠近我，牵我的手时，妈妈的那句‘不要脸’就会从心底涌出来，让我再也不敢向前走一步。”她的妈妈用羞辱的方式伤害了一个5岁的孩子，影响了她一生对爱情和婚姻的感受。

实际上，小朋友眼里的“婚嫁娶”，只是他们表达喜欢的一种方式。处在婚姻敏感期的孩子需要通过游戏、言语或身体行为来体验这种方式，不当的介入或者强行制止会让孩子对这样的行为产生一种自卑感和羞耻感，严重的还会影响孩子成年后的情感生活。当你实在不知道如何回应，且认为孩子的游戏里没有任何强迫或可能的伤害时，那视而不见也是一种尊重。

当然，比较好的回应是，顺着孩子兴高采烈的语气接着聊下去。比如，你为什么喜欢这个小伙伴，对方也喜欢你吗，结婚或婚姻是怎么回事，家庭是如何组建起来的，爱是什么，等等。对于孩子的结婚游戏，你也可以向孩子了解游戏中的细节，如是谁提议的，有没有人不愿意。注意有没有强迫行为，无论孩子是被强迫还是强迫别人，都要跟孩子聊聊爱情与婚姻的核心要素，即你喜欢我，我也喜欢你。对孩子进行简单的价值观引导也是有必要的。

3. 在回应之前，家长需要审视自己的婚恋价值观，注意不带价值观偏见

有的父母自己婚姻不幸福，看见孩子玩结婚游戏或者言语上表达对小伙伴的喜爱时，就会投射自己对男性或女性的偏见，比如不经审视地和孩子讲，男人没一个好东西或女人太麻烦等等。这样的态度会让孩子记住当时你传递给他的感受，深深地铭记这些性别或婚姻偏见。

因此在回应处于敏感期的孩子的言行表现时，很重要的一点是对自己的感情状态有一个比较清楚的了解。如果自己的婚姻并不幸福，有很多的创伤，最好先照顾自己，寻找资源疗愈自己。另外一个特别容易带有偏见的领域是，当孩子说他要跟同性结婚时，很多父母也会非常紧张，生怕自己的孩子日后发展成为一个同性恋者。

实际上，孩子会这样说和他是否会成为同性恋者没有半点关系，他只是把婚姻简单理解成喜欢就会结婚，同时也在好奇且试图理解婚姻是怎么回事。通常这种情况下，比较好的做法是跟孩子一起客观科学地讨论同性婚姻是什么意思，异性婚姻是什么意思，以及目前他观察到的现状，等等。如果你对同性问题非常紧张，可以先去做更多的了解，之后再来回应孩子的问题。你可以告诉孩子喜欢同性的人叫同性恋者，喜欢异性的人叫异性恋者。每个人都不一样，喜欢的人也是类型不同的，包括性别。在法律上，有的国家允许同性恋者结婚，有的国家不允许同性恋者结婚。他们无论可不可以结婚，都应该有权利去喜欢自己喜欢的人。

如果你简单说同性不可以结婚，不可以去喜欢与自己同性别的人，就是把你未经思索的价值观或者内心的同性恋恐惧传递给了孩子。孩子并不会因为赞同且支持同性恋而发展成为同性恋者。真实世界里就是有的人会喜欢同性，有的国家允许两个相同性别的人结婚，有的国家则不允许同性别的人结婚。

你可以把这样的事实都告诉孩子，让他知道这个世界是多样化的。多姿多彩才是生命的旋律。

4. 帮助孩子学习正确的表达或接受爱的方式

注意观察孩子是如何表达对小伙伴的喜欢或爱的，或者观察孩子是如何处理别人对他的喜欢或爱的。有一位妈妈很苦恼，她5岁的女儿跟她说，班上一位男生喜欢抱她转圈圈，说她是他的老婆，还时不时会在她脸上亲一口。她很担心自己的孩子不懂得拒绝别人的随意拥抱或亲吻。实际上，这正是父母可以教会孩子的东西。

父母需要耐心与孩子确认这样的身体接触是不是他喜欢的，如果不喜欢，那他懂不懂得如何拒绝。这和处理成年后的恋爱关系是一样的。你可以问问孩子："你当时感到生气吗？"

如果孩子说，别人抱他、亲他是因为别人喜欢他；那你要细心跟孩子解释："别人喜欢你是别人的事情，你喜不喜欢别人这样对你是你的事情。你的身体是你自己的，无论对方对你多好，如果你不喜欢这样的身体接触，就可以理直气壮地拒绝。”

如果他是主动拥抱别人的人，那你需要问他，他这样抱别人，别人喜欢吗？要让孩子知道，自己在表达喜欢的时候，需要征求对方的意见。

如果孩子在亲近别人时很没有边界，也有可能是因为孩子在平常生活中没有被允许表达自己的感受；因此父母要先反思自己的教养方式，并尊重孩子的边界。

5. 陪伴孩子经历感情中的起起落落，处理失恋等情绪

孩子的爱情世界里同样会有吃醋、失落或失恋等复杂的情感或情绪。我喜欢你，你却喜欢他——每次看见自己喜欢的小女孩和别的小男孩在一块玩，孩子同样会感到失落或难过。

这个时候，除了细心的陪伴和接纳孩子的失落以外，你也可以慢慢跟孩子讲：“喜欢是两个人的事情，如果对方不喜欢你，你也可以重新选择自己喜欢的人，而且你一定会遇到也喜欢你的人。”这样的信念和价值观对孩子日后形成健康的情感心理是很重要的。

而且只有当孩子知道可以有另一种选择时，他们才会明白：不是所有的喜欢都会得到回应，别人不喜欢自己并不是因为自己不够好。

总之，如果你的孩子进入了婚姻敏感期，你要特别注意不

要用成年人的婚姻观和道德观来绑架他。除了耐心引导，父母经营好自己的婚姻和感情更是对孩子最好的示范。因为婚姻敏感期期间涉及的关键词是模仿，孩子在模仿和练习中学习爱与被爱。在父母相爱的家庭里，孩子会内化和吸收爱的真谛。这些是他健康成长的营养土壤，致使他成年后也会像爸爸妈妈那样，去疼爱和尊重自己的另一半。而在父母冲突不断的家庭里，孩子吸收更多的是对另一性别的憎恨，孩子成年后也不太善于经营爱情和婚姻。

无论如何，终有一天，那个说着“娶你”或“嫁你”，玩着结婚游戏的孩子会长大，会和另一个人走进真正属于他的婚姻，进入属于他的亲密关系，组建属于他自己的家庭。好好珍惜这一段渐行渐远的旅程，和孩子一起成长，也愿我们都能在其中找到和塑造最好的自己。

读到这里，你可以回头再一次阅读并思考本章开头的“价值观卡片”上的问题，从而更加清晰地了解和认清自己的婚姻态度。

小知识

婚姻敏感期：一般在4岁左右开始，6岁左右结束，常见表现是孩子经常说要跟爸爸或妈妈结婚。这体现了儿童对婚姻的认知状态——一种智能状态和概念化的东西。

第10章

孩子玩过家家的尺度有些大，该怎么引导？

价值观卡片

以下的一些问题都涉及你对孩子的性安全和性的人际探索的看法。这些价值观会从深层影响你对孩子的回应，而思考的过程则能够帮助你看见和整理自己的教养哲学。

1. 你如何看待孩子与非家人的身体界限？
2. 你如何看待孩子在非家人面前裸体的行为？
3. 你会很在乎孩子在游戏中吃亏吗？
4. 针对不同的性别，你对性游戏的看法会不同吗？
5. 你会要求孩子一定要遵守你告诉他的隐私规则吗？

四五岁的孩子经常会在父母眼皮底下玩有关身体和性的探索游戏，不理解孩子行为的父母很容易戴着成年人对性的有色眼镜做出伤害孩子的反应。

什么是性游戏

性游戏在小孩的成长中相当普遍。养过小孩的父母大概都撞见过孩子跟小伙伴玩性游戏的场面，或者听说过相关的描述。我接过不少家长关于性游戏的咨询。实际上孩子们发明的性游戏多得超过你的想象。

据一位家长说，有一次她4岁的女儿关起门跟邻居家同龄的男孩子一起玩，她推门进去，撞见俩人的裤子都脱到了小腿处，她瞬间恼怒，两个小孩也大惊失色。还有不少兄妹或姐弟之间玩互相看或互相摸生殖器的游戏。家长们对此也很困惑，不知是否要阻止，以及是否要让他们分开洗澡或者分房间睡觉等。

所以你不是唯一一个撞见孩子玩这类游戏时手足无措的人。可能气急败坏之下，你会因孩子为了玩这样的裸体游戏所找的借口而生气；但让你更困惑的是，到底该如何反应。你不知道对于四五岁的孩子来说，这样的行为是否健康，需不需要进行干预。你很困惑，不知道性游戏是否正常，不知道该不该禁止孩子玩这种性游戏。如果放任不管，会不会对孩子造成伤害？

这些对新手父母而言都是幼儿性教育中很大的挑战。

性游戏相当常见

我在线下工作坊中，听过很多家长分享的他们自己小时候跟同伴玩过的性游戏。在大家都分享了自己的故事之后，当他们再次面对自己的孩子的性游戏时，明显更放松，也更容易接纳这些游戏。一般来说，孩子在开始跟玩伴有互动后，比如幼儿园时期，加上受到其他一些因素的影响，很有可能就会开始玩性游戏。有些小孩只玩过一次；有的小孩会跟相同或不同的玩伴持续玩好多年，尤其是男生。

有一个特点是，会一起玩这种游戏的小朋友，多半年纪相仿，而且不分性别。男孩会跟女孩一起玩，男孩也会跟男孩一起玩，女孩也会跟女孩一起玩——玩游戏跟她们的性倾向没任何关系。

这样的游戏与青春期的性探索也完全不同。游戏没有性欲的成分，玩伴也不一定要是自己喜欢的人，通常是那些刚好在一起又愿意玩的小伙伴。

孩子玩这种游戏到什么时候才会停止？

自然的情况下，等孩子逐渐长大，对身体、生殖器官没那么多好奇，或者开始明白隐私的重要性以及有了羞耻心之后，就不再觉得那是游戏了。那时，他们自然会停止。我们觉得可以以青春期为界限，当孩子跨入青春期，比如10岁之后，性游戏就不再是游戏，而是性爱了。

性游戏，怎么玩？玩什么？

比较常见的性游戏是裸体与观看。四五岁的孩子喜欢脱光光，也喜欢看别人光溜溜，对性通常也没有羞耻感，而且大脑对身体也没有什么评价。因此他们经常会在大人的眼皮底下玩起来，包括结婚入洞房，模仿医生检查病人的身体，一本正经地称对方为“老公”或“老婆”。在玩的过程中，他们使用日常从成人世界得到的有限知识，在好奇心的驱动下，予以很多的想象，玩得不亦乐乎。偶尔也有孩子模仿做爱，两人一起互相抚摸性器官，或一人压在另一个人身上，但很少有孩子真的性交。对孩子来说，模仿就够了。就算想性交，幼儿阶段的孩子也很难实现。

通常小孩之间的性游戏有一个基本的公平规则——“如果你让我看你的，我就让你看我的”。游戏的出发点在于对异性或者其他同性的生殖器官长什么样子的好奇，重点在于身体最隐秘器官的分享和交流带来的刺激感受，或者是探索生殖器官的快感。

性游戏会有不好的影响吗？

有很多成人在日后回忆自己童年的性游戏时发现，影响自己的是被发现后大人对自己的态度，包括愤怒的情绪，而游戏本身对其并没有太多的影响。还有一类感觉会带来创伤，即自己当时是不情愿的，但迫于对方的强大而不得不服从。这种被迫会带来不好的心理影响，如对性的厌恶和对自己无力拒绝的痛恨，或是对当时大人没有及时保护自己的愤怒。

也就是说，性游戏是否会影响孩子未来的性体验或性感受的决定性因素有两点：是否被迫参与和发现者当下的反应。

对这个年纪的孩子来说，平等互动且被家人和同伴接受的性游戏无疑是最好的。能够在不受干涉和压迫的情形下参与游戏，孩子会非常兴奋愉快。这对建立有关性与身体的健康关系也很有帮助。不干预这类的性游戏也是没什么关系的。

但有的时候，年纪较大的孩子会利用自己的好奇心，强迫或诱骗较小的孩子参加。有一位妈妈曾经很焦虑地找到我说，读一年级的姐姐带男同学来家里玩。姐姐在安静地看书，但当她找到那位男同学时，他正在地下室与她家4岁的妹妹玩脱裤子看生殖器官的游戏，并且妹妹显然是属于被看的那个。妈妈非常气愤，也有很多的担心。

这样的担心是有必要的，因为年幼的妹妹并不知道发生了什么，而小男孩明显是带着对性的好奇来探索的。这种情况下，年龄差别较大，孩子们的智力和好奇心都不在平等的位置，年纪较小的孩子就会面临自己不想玩，却不得不玩或者被年纪较大的孩子诱导加入自己还无法理解的游戏的状况。

家长需要清楚的是，两名孩子之间的年龄差越大，比如3岁以上，性游戏就越可能涉及胁迫。因为孩子如果是被迫参与的，或者因为自己的参与而遭受到嘲笑，就会明显感到被欺负、被攻击甚至被侵犯。一旦这些感受与性行为联结，这个性游戏就有可能会给孩子留下羞辱或恐惧的阴影，甚至会妨碍其性发育的健康发展。

最极端的状况是，年幼的孩子玩的游戏涉及操控与肢体的胁迫，性游戏变成性了虐待，进而导致类似成人施虐的心理障碍。父母对于这类有害的性游戏应予以禁止。

家长如何知道孩子玩的性游戏是否有害呢？

除了考虑直观的年龄差别之外，还有一个重要的方法，就是游戏结束之后进行亲子之间的对话。如何进行一场合适的谈话，是比关心孩子在游戏中有没有脱裤子、有没有被别人摸，以及被摸到了什么程度更重要的事情。

如果孩子在游戏过程中遭受了玩伴的嘲笑，比如阴茎长得跟别人的不一样，或者因为气质阴柔而在玩游戏之后被同伴嘲笑为同性恋者，那家长也可以通过谈话沟通来慢慢淡化同伴对孩子的影响。父母淡然接纳孩子的性游戏能减少孩子因同伴嘲弄造成的影响和打击，反之则会让孩子经历更深刻的无助与伤害。

如前面所说，很多成年人在谈到小时候玩过的性游戏时表示，如果感受到了羞辱，多半是因为当时父母发现游戏之后的过激回应或指责。很多人表示，自己第一次对性感到羞耻和恶心，或者觉得自己很脏，是因为父母当时对自己“不要脸”的评价。

要不要喊停？

讲到这里，我想你大概能够理解孩子参与性游戏是孩子性发展过程中的一个自然现象，也清楚什么样的性游戏是需要禁止的，什么样的性游戏是可以比较放松地看待的。

从年龄上来说，两三岁的小孩子玩性游戏，显然都只是在玩闹而已，你可以不必太在意。如果没有父母的呵斥，这个年龄的孩子本身并没有太多的情绪负担。如果孩子的行为在公众场合引发了别人的关注，你只需要做一些事情分散孩子的注意力，引导他玩别的游戏就好。你也不需要跟孩子讨论这种行为，这个年纪的孩子还不能够理解抽象的语言，他只是会从你的神情或言语态度中感受到责备或允许。

从孩子4岁左右开始，你一旦发现他玩性游戏，就要考虑自己是否要回应；如果决定回应，要思考该如何回应。你如果觉得这根本不是什么大事，不必干涉，那就在开门发现孩子们的裤子已经脱到了大腿上时，深呼吸之后自然地说："你们要不要吃一点水果，我给你们送进来？"然后转身离开去准备水果吧。

如果你觉得这样的游戏不合适，选择喊停，也最好保持镇定，采用平和的方式来阻止，别去骂他们。你可以在深呼吸之后，平静地说："你们在玩什么游戏需要脱裤子呀？先把裤子穿起来吧。"

这时候千万不要批评他们的行为，否则孩子会觉得很丢脸，你自己也会感到难堪，而之后任何的说教都将变得毫无意义。如果你发现你的孩子正在跟一个比他大3岁的孩子玩这个游戏，同样，你觉得很生气也是很正常的，但是不要在孩子面前表露出来。你也不需要跟孩子说"你这样跟他玩游戏会被欺负的"之类的话。等到情绪平静下来之后，你再跟孩子谈一谈他在游戏中做了些什么以及有什么感受。

跟孩子谈论性游戏

无论你决定制止孩子还是让他们玩下去，当你走出房间后都要开始考虑怎么跟孩子谈一谈。尽量不要拖太久，否则一忙加上觉得沟通很难，就会不自觉地不想去谈了。选择一个亲子独处的时间私下进行交谈，注意跟这个年纪的孩子谈话的时间不要太长，同时要目标明确，态度平和，切忌羞辱或者骂孩子。

始终记得这次谈话的目的：让现场被逮到的孩子放心，同时确认他们在游戏过程中有没有受到伤害，并教会孩子将来如何避开有害的情况。如果啰啰唆唆说一大堆，孩子也听得不是很明白，反而会暗自揣测你是不是生气了，或隐隐觉得自己做得不对。

你可以先安抚孩子的紧张情绪，告诉他你并没有生气，他也没有做错什么；然后让他知道你对孩子之间玩的性游戏的理解与接纳程度，协助他慢慢完整描述游戏过程中的经验感受。比如你可以在晚餐的时候边吃饭边漫不经心地询问：你今天是不是跟小宝在玩游戏？游戏叫什么？谁先提议要玩的？具体的玩法是怎样的？孩子的回答有助于你判断孩子有没有可能受到胁迫或强迫别人，同时你也会知道这个游戏模仿的是生活中的哪些事件。

你可以继续问：你们两个都很喜欢玩吗？有没有人表示不想玩？当确定孩子自己和伙伴都是出于自愿，或者即使有人稍有点迟疑，但最后都玩得很开心后，你大体就可以放下心来。接着你就可以表示对他的支持："两个人都玩得很开心就很好。不过妈妈想告诉你的是，任何游戏，你只有在想玩时才去玩，不想的话就要拒绝，知道吗？"

在这个过程中，你还可以跟他说不要跟大孩子玩这样的游戏。如果他问为什么，你可以告诉他："大孩子力量比你大，想法也会比你多，因此你就会很容易被他强迫。”然后你还可以继续说：“不管和谁玩，你一旦觉得游戏不好玩，就要告诉我，我会帮助你。”

如果在孩子描述游戏的过程中，你发现他强迫别人，那你也要告诉他，一起玩游戏是一件很开心的事情，但如果强迫对方就不好了。你应该说明你希望他是只有在朋友都想玩的时候才玩这种游戏。有时候一两句询问，比如他过去是否玩过这个游戏，有没有人逼迫他玩这种游戏，得到的答案也会反射出你照看孩子时的一些盲点。

万一孩子说出了发生在他身上的你从来不知道的伤害，你不要追问太紧，也别暗示孩子受的伤害很大；要立即想办法稳住自己的焦虑，然后对事情做一个更全面的了解。如果情况严重，要考虑报警和寻找专业的咨询师介入。

如果性游戏涉及被迫，那你还需要决定是否限制孩子跟对方来往——这需要你评估孩子之间的关系品质和事件的本质。如果你的孩子非常喜欢这位小伙伴，也不觉得自己在游戏中不开心，那你不一定非要强行分开他们。你可以考虑多多监督孩子们的相处，减少他们单独玩游戏的机会，比如不让他们一起洗澡、过夜，或者两人一起玩时规定他们不许关门。不过，如果孩子已经受到惊吓，那就坚决保护孩子，让他们分开。

总之，最可怕的情况是过度刺激。对于孩子性发展过程中出现的问题，家长在处理时需要小心翼翼。过度反应会造成孩子对性的过度厌恶，或激发孩子对性的过度关注，这就不再是自然发展的性了。这些感受和评判的烙印也会进一步阻碍孩子性的健康发展。

回到本章开头的“价值观卡片”，阅读完本章内容后是否对你得出这些问题的答案有一些启发？

小知识

(1) 性好奇：对孩子而言，知道别人的身体长什么样是很重要的，如此他们才能够对自己的身体感到自在。这是儿童的好奇心所在。孩子对性的兴趣不应该被贴上“坏”的标签。

(2) 常见的儿童性行为：儿童参与性游戏是心理发展过程中普遍会出现的现象，儿童在游戏中的举动是常见的儿童性行为之一。其他常见的儿童性行为包括：跟人贴得太近，在公众场合或家里触摸自己的生殖器官，触摸母亲或者其他女性的乳房，偷看他人裸体或更衣，对异性产生浓厚的兴趣，等等。

第 11 章

你的孩子知道他是男孩还是女孩吗？

价值观卡片

以下的一些问题涉及你对性别的刻板印象或者对性别角色的期待。你可以试着回答，看看自己有什么样的想法。

1. 对于女性这个性别，你想教给孩子什么信念？
2. 对于男性这个性别，你想教给孩子什么信念？
3. 对于孩子的天赋、兴趣，你会因为性别而限制他们的发展吗？
4. 你认同好的品格属于全人类，而不是专属某个性别吗？
5. 当其他人对孩子不符合传统的行为指指点点时，你会怎样回应和处理？

孩子在大约2岁时内化且认同自身的性别，能够认识到自己是个女孩或男孩，这种关于自己是女性或男性的感受就是性别认同。对于多数人而言，性别认同是固定不变的，通常生理和心理保持一致。而性别角色是社会化的产物且根植于文化，因此性别角色是人们在社会化的过程中通过观察和模仿学习完成的。

几岁开始发展性别认同？

我曾经接到一位妈妈的咨询：为什么1岁多的女儿看到穿开裆裤的小男孩，会盯着人家的小鸡鸡看很久，而且看见人家摸小鸡鸡，就摸自己的阴部，笑得可开心了。

这是这个年纪的孩子常有的行为。前面说过，2岁左右的孩子会开始注意到性别的不同。他们通过观察家里父母的言行，以及发现同龄异性小孩的身体与自己的不同而开始注意到男孩和女孩的区别，由此内化且认同自己的性别。

等到上了幼儿园，孩子开始懂得通过分类来进行性别认知。如果你问他班上有几个男生和几个女生，他大概会认真地想很久，然后一一对他们进行性别分类。这个时期也是教孩子认识生殖器官的好机会。在亲子共浴时，教孩子认识爸爸的阴茎、妈妈的阴部，以及他自己的身体——这可以帮助孩子加强对生理性别的认知和理解。

你也可以通过跟孩子玩谁有什么器官的游戏来帮助孩子更好地了解自己的身体部位和性别特征。玩游戏的时候，你先说出某个身体部位或身体特征，然后问孩子家里谁还有这个部位或具有这个特征。游戏的内容可以涉及生殖器官、头发、胡子、喉结等等，也可以涉及普遍都有的耳朵、眼睛、嘴巴等。

性别角色的学习

性别角色是社会化的产物，与一个人所在的文化和成长环境有很大的关系。因此，这个时期的父母的另一个重要作用是，提供合适的环境以帮助孩子完成有关性别角色的学习。孩子的性别行为模式是他们从日常生活中的观察模仿和与父母的互动中学习的；性别角色的学习也是借由家长示范和孩子模仿来完成的。

孩子的第一个也是最强大的学习榜样就是父母。随着孩子成长和社交圈扩大，他效仿的榜样也会增加，比如哥哥姐姐、朋友、师长、明星等。他从不同的模仿对象中过滤出不同的社会需求与期望，进而创造出独特的自我。

这个学习的过程是在不知不觉中发生的，作为父母要特别留意自己的一言一行。很多父母没有觉察到自己会以男女有别的方式对待儿子和女儿。比如，你是否坚持要给孩子穿有性别特征的衣服，玩体现性别差异的玩具？对男孩的说话方式和对女孩的有区别吗？给孩子看的动画片或其他视频是否也在传递着男性和女性的不同？

孩子在这样的生活过程中会观察到，女孩喜欢玩娃娃，而男孩喜欢玩货车；女孩喜欢哭也被鼓励哭，男孩喜欢打闹却不被允许哭。因此，他们就会无意识地开始调整自己的行为，以适应这些性别期待和行为模式。

比如，有研究显示，1岁半以前的男孩和女孩具有同等水平的攻击行为；但是到了2～3岁的时候，相比男孩，女孩的行为具有更弱的攻击性。日常孩子可以接触的玩具和颜色对孩子的暗示更加明显，而在玩玩具和玩游戏过程中，男性和女性的大脑差异逐渐形成——这会影响他们日后对生活技能的掌握。

父母的家庭分工和家庭结构也是孩子学习与模仿的重要渠道，比如爸爸外出工作，妈妈在家照顾孩子；爸爸是工程师，妈妈是护士；等等。如果没有特殊的性别教育让孩子知道还有其他的情况，那孩子会以为这样的分工是固定的，他长大后也会选择这个样子的生活。

观察自己是否具有严苛的性别刻板意识，是否有男孩子应该怎么样，女孩子应该怎么样的固化评判标准。同时反思自己的养育是在鼓励还是限制孩子发展，是更加关注孩子的潜力并注重天分的培养，还是阻碍了孩子去探索和了解丰富多彩的世界。

性别探索行为

对他人的身体好奇

孩子一旦对性别开始有了稳定的意识，就会明确知道自己日后会长成像妈妈一样的女人或是像爸爸一样的男人，也会开始观察或者有意识地选择自己的玩伴，比如男孩跟男孩玩，女孩跟女孩玩。但他们更常有的一个行为是，观察他人的身体——他们想知道自己的身体和其他人的区别，着迷地想知道身体的各个部位是怎么回事，有什么作用。

比如，有妈妈说她3岁的女儿喜欢在她洗澡或者换衣服的时候盯着她看，对她的身体非常有兴趣，但她却因此感觉非常不自在。

这其实是这个年龄的孩子在完成性别认知过程中做出的很自然又很重要的举动。他们对自己的身体、同龄人的身体、成年人（包括同性和异性）的身体都感兴趣，试图去找到自己的身体和这些身体之间的区别与联系。如果父母做不到以自己的身体为例，那可以以其他方式比如有关身体的绘本来代替。

实际上，还有很多孩子会追着大人去上厕所，喜欢跟父母一起洗澡，甚至有不少男孩子喜欢掀成年女性的裙子。这样的行为背后是对身体的好奇。你可能会惊讶或者生气，但要尝试理解他的发展需要，并帮助他形成有关性好奇与性探索的边界认知，让他知道对性的探索或好奇是被允许的，但要有正确的行为方式且要考虑别人的感受。

模仿异性的行为

这个年纪的孩子还喜欢做的一件事情是模仿异性，比如女孩子站着尿尿；男孩子穿妈妈的高跟鞋和裙子，擦妈妈的口红。一位妈妈说她3岁半的女儿总是说自己是男孩子，要当王子，喜欢男孩子的打扮，喜欢动画片里男孩子的角色，在幼儿园喜欢跟男孩子玩，因此担心孩子会不会是不喜欢自己的女孩身份。还有的妈妈发现自己的儿子喜欢粉色，喜欢玩洋娃娃，因此担心他长大以后会没有男子气概，是“娘娘腔”，进而发展为同性恋者。

还有很多孩子在玩角色扮演游戏时会喜欢尝试另一个性别的角色，比如过家家游戏中，男孩子扮演妈妈的角色，女孩子扮演爸爸的角色，玩得乐此不疲。

实际上，这个年纪的很多孩子都会有这样的行为表现。在性别认同和性别角色的学习过程中，他们会特别注意成年人在生活中的性别差异细节，比如妈妈会化妆，爸爸会站着尿尿。他们发现有一些行为好像只有女人会做，有一些行为只有男人会去做，由此而好奇尝试另一种性别的行为，体验不一样的感受。

当孩子5岁左右，知道自己会永远是一个男人或者女人时，大部分孩子会因为自己的心理性别认同而开始调整行为，以符合成年人的性别期待。但也有一些孩子不一样，他们的性别认同过程会持续较长的时间。这样的孩子需要成年人的特别关注。在混乱的探索过程中，有一些孩子会想成为另一种性别，有的会表现出另一种性别的气质。

经历这种与众不同的性别认同过程的人会比常人更辛苦，也更需要他们的父母拥有更强大、包容的心态去接纳和陪伴。性别养育不是说父母一定要按自己的期待养出符合主流文化标准的孩子，而是应该鼓励孩子去成为任何他们想成为的人。

对于生活中是否向孩子示范与传递什么是男性的力量气概和什么是女性的气质，每个家庭有自己的选择；但父母不应该让自己对同性恋者的恐惧或强烈地执着于某种性别的意志限制孩子的成长。

你如果发现自己对儿子要穿裙子或女儿大大咧咧的性格很不安，那可以尝试去搜集一些资料，寻找一些资源来更了解你的孩子。谁也不知道孩子会以什么方式来挑战自己的人生极限，家长能做的大概是不断努力开阔心胸，努力看得更远一些。

总之，在6岁之前，孩子会通过生理方面的学习完成性别认定——男孩和女孩的不同就是生殖器官的不同，男孩有阴茎和睾丸；女孩有阴部和子宫，能够怀孕生孩子。孩子会逐渐发展出性别恒定的概念——男孩子会逐渐认识到他不仅永远不能变成一个女孩，长大以后也绝对不会生宝宝；女孩也会慢慢了解到她长大后可以生小孩，但肯定不会长出阴茎。

性别角色的学习主要靠观察和模仿，因此作为父母，要尽量给孩子提供尝试多样性别角色的环境，而且不应该根据性别来培养孩子的兴趣爱好和生活习惯。

关于性别认同和性别角色，你如果有很多社会化的态度，那么要多花一些时间去整理自己的想法，减少自己的偏见。文章开头的“价值观卡片”就是一个很好的工具，你也可以和伴侣一起讨论，相信会有更多的收获。

小知识

（1）生理性别：表示一个人在生物学上属于男性或女性，以基因性别和解剖学性别来判定。

（2）社会性别：指的是以社会性的方式构建出来的社会身份和性别期待，这是伴随生理性别而出现的社会、文化特质。

（3）性别认同：指一个人对于自己是男性或女性的内在感觉。

（4）性别角色：指不同性别下的特定文化族群的态度、行为、权利和义务。

（5）性别角色刻板印象：在理解两性的行为举止时，一种欠缺弹性、过度简化并且流于笼统的信念。

第 12 章

跟孩子分房睡，孩子不愿意，怎么办？

价值观卡片

1. 你所选择的育儿理念，更看重孩子的独立性还是孩子的情感依附？
2. 你满意与伴侣的亲密关系与性关系吗？
3. 你能忍受孩子经历一些挫折或者不舒适吗？
4. 你会借由要陪孩子睡觉来逃避与伴侣的亲密吗？
5. 养孩子的过程中，你会重视孩子的心理需求吗？

孩子出生后，分房间睡觉终归是一个要考虑的问题，有的人是顺其自然，有的人是迫于现实状况。这里面涉及育儿理念、亲密关系和对孩子的期待，但更多的是成年人的性生活，以及孩子对父母关系的感受等。

孩子进入4岁时，很多妈妈就会开始考虑要不要和孩子分房间睡觉这个问题了。通常情况下，从开始考虑和试行，到孩子真正完全独立睡觉，会经历一个反反复复的过程，时间跨度也会是好几年。

一般来说，到孩子进入小学之前，如果一直坚持不放弃，那么分房间睡觉应该是可以成功的。但这个过程会很磨人，也会因不同的亲子关系、不同孩子的个性而出现各种各样的问题。有的妈妈坚持不下去，有的妈妈心疼孩子，有的妈妈怀疑是否有分房间睡觉的必要，然后以“孩子需要我”为理由继续满足孩子。

下面我们就来聊一聊如何处理和回应关于和孩子分房间睡觉的那些问题。

孩子几岁必须和父母分房间睡觉？

几岁必须分房间睡觉是很多家长会问的问题。他们总是以为在养育孩子时，凡事都有一个标准。事实上，不存在生命发展的标准历程，几岁分房间睡觉也没有标准答案。找到适合你孩子的答案的第一步是看见你在养育孩子时所采用的教养哲学。比如欧美很多养育理念都重视孩子的独立性，因此孩子一出生就单独睡在自己的房间，或者即使和父母一个房间，也会单独有一个床，等1岁之后就开始和父母分房间睡觉。

而东亚育儿文化或者人本主义的养育理念则比较重视孩子的依附关系，会主张在孩子有足够的安全感且想要自己的独立空间时，父母再考虑分房间睡觉的事情。

另外一个考量的因素是现实。比如在大城市，因为住房条件有限，或者父母为了让孩子就读一所很好的学校而选择在学校旁边租借非常小的房子，一家三口加上老人一起居住。这个时候要分房间睡觉着实困难，那自然就得考虑如何减少在一起睡觉时给父母和孩子带来的负面影响。

有的时候父母自己的需要也是一个重要的考量因素。无论孩子多大，如果和孩子一起睡觉导致父母双方或者其中某一方睡眠质量一直很差，严重影响了父母的身体健康，或者说和孩子一起睡觉严重影响了夫妻的性爱质量，那就是时候开始考虑分房间睡觉了。

也有的家长说：我自己从小到大一直和妈妈睡，也没有觉得有什么问题。或者他们会辩解说：我女儿或儿子今年16岁了，我们一起睡也没有觉得有什么不好。一直不和孩子分房间睡觉一定会产生什么问题吗？也不见得。但从孩子的自我发展和个体独立的需要来看，分房间睡觉带给孩子的好处显然是大于和父母界限不清的相处模式带来的好处的。

分房间睡觉对孩子的成长有伤害吗？

经常会有父母跟我说：“孩子不愿意分房间睡觉，但我坚持要分会不会伤害孩子？”或者“我家孩子安全感很差，分房间睡觉会不会让他更加没有安全感？”实际上，跟孩子分房间睡觉的决定并不会伤害孩子，真正会伤害孩子的是你的做法与速度超过了孩子可以承受的程度。他无法涵容你的这个决定，因为他在这个过程中没有感受到你的爱。

你做这个决定前是否和孩子做了充分且必要的沟通？你是否清楚地告诉了他你的决定中关于他成长需要的考虑？你是否表达了你的爱，愿意陪伴他经历分房间睡觉过程中可能会有的情绪，愿意和他一起面对他的恐惧和害怕，愿意和他一起想办法处理这些难题？

而且，你也要在充分评估后和孩子一起制订出分房间睡觉的时间计划表。你要给孩子足够的时间消化和接受你的决定，让他调整出情绪的空间来尝试，而不是白天说完晚上就开始把孩子赶到另一个房间。给孩子充足的时间来进行过渡，会让孩子知道，虽然他并不喜欢和妈妈分开睡觉，但他还是可以勇敢面对这样一个必须的历程；同时有妈妈的陪伴，他就会有空间去慢慢调整自己的情绪，以及有勇气自己面对未来变化的恐惧。

如何在实践中执行分房间睡觉的决定呢？

当你充分考量了孩子成长的需要、自己的需要，也评估了当下自己与孩子的亲子关系状态，然后做出了分房间睡觉的决定时，你接下来要做的是温和而坚定地执行这个计划。

第一步，和孩子一起制订分房间睡觉的计划表

你要先和孩子讲明白你们分房间睡觉的理由，然后告诉他你对于他的成长的关心，以及自己有哪些需要。因此你考虑安排一个单独的房间让他独立睡觉，问问他对此有什么想法。他提出的任何顾虑和不安你都要表示理解，但要注意不要和他争辩其中的对与错，也不要一味地默认"他就是不同意分房，我也没什么办法"。你要做的是，告诉他你知道他的那些害怕和恐惧，以及你会如何陪伴他度过。

因此你们可以一起来制订分房间睡觉的计划表，一起商量从哪天开始布置房间、如何布置房间，哪天一起去采购布置用品，哪天正式执行，等等。你们的时间表可以按周安排，在具体推行的过程中按天进行。比如第一周用来做准备，物质准备包括采购必备的床上用品或者房间内的家具等等，心理准备包括慢慢接受要分房间睡觉的现实等等。第二周的第一天开始执行，也可以和孩子约定一周自己睡几天、和爸爸妈妈一起睡几天，这样会让孩子发现原来自己睡也没那么可怕。第三周孩子自己睡的时间可以增加，和爸爸妈妈一起睡的时间可以减少。同时还要处理孩子一个人睡觉时遇到的问题，比如孩子怕黑，爸妈就去买一盏夜灯；孩子入睡困难，爸爸或妈妈就在孩子睡前陪读直到他睡着之后再离开；等等。

这样的一个计划表要遵循渐进式的原则，最后的目标是让孩子完全独立睡觉。

第二步，执行布置儿童房的计划

在布置时，一定要以孩子意见为主、大人意见为辅，让孩子充分感受到独立自主的好处。大床或小床还是上下床，床上用品的颜色和风格，书架和书桌的选择，房间墙壁的颜色选择，窗帘的选择，你都和孩子充分讨论并让孩子全程参与。这个过程其实也是深入生活细节的过程，孩子从中不但会感受到自己的意见和情绪被尊重，还会慢慢与自己的房间建立更深的联结，逐渐体会到拥有独立空间的喜悦。

第三步，真正执行分房间睡觉的决定

从第一天就要注意睡觉的流程，因为这个年纪的孩子很在意秩序感，流程稳定也会给孩子一种安心的感觉，有助于稳定情绪。真正执行的时候也要注意留有弹性。比如如果孩子生病了，或者生活发生了重大的变化，要特别照顾孩子的情绪和压力，那就不一定要严格执行计划。你也不要太担心会前功尽弃，儿童的成长有自己的节奏，节奏被打乱自然会有生命的复原力帮其回到轨道，但前提是做父母的不施加阻碍的力量。

几个特别的注意要点

在执行过程中，我还想强调几个特别的注意要点。

第一，你要不断检视自己，反思和孩子一起睡觉是自己的需要还是孩子的需要

有些妈妈会跟我讲：孩子离不开自己，孩子安全感很差；孩子现在16岁还和自己睡觉，但自己没有觉得有什么问题；等等。她们讲一大堆理由要我支持她们和孩子一起睡觉的决定。但继续沟通下去，我发现其实是母亲自己害怕分离。因为夫妻关系不好，母亲借由和孩子一起睡逃避亲密关系的矛盾；或者是因为丈夫常年在外，自己内心很孤独，孩子睡在身边会让自己觉得踏实；等等。父母需要客观地看待这样的陪伴，然后明白为人父母的责任就是要让孩子独立成长，自己则要承担自己生活的责任。只有让家庭的序位回归——父亲是父亲、母亲是

母亲，丈夫是丈夫、妻子是妻子，孩子才能回到孩子的位置。

第二，坚持温和而坚定的原则

孩子的行动和情绪总是反反复复地变化，这是非常正常的现象，而你是否能够给孩子提供一个稳定的情绪容器才是最关键的。孩子会很敏锐地感知到父母内心的真实状态，也会不断地试探父母能给他的底线。如果你是坚定的，那孩子就会接受你的决定。当然你不是简单粗暴地坚定，而是温和有爱地坚定。你会共情他的情绪，但也会坚定执行你们一起协商出来的分房计划。

第三，要相信你的孩子

在这个过程中，你要有坚定的信念，相信你的孩子是可以适应自己一个人睡觉的，坚信这样的处理对他的个人成长是有帮助的。事实也确实如此。

分房间睡觉是孩子从3岁之前的母子共生阶段过渡到独立分化阶段的开始，他会在这个过程中学习如何应对大脑里幻想出来的恐惧，如何应对挫败，如何承担责任，如何安抚自己的情绪，如何和家人一起解决问题。无论是怕黑、做噩梦，还是焦虑到睡不着，或者是想妈妈想到伤心，孩子都会在学习处理这些负面情绪的过程中拥有更多的自信。

总之，和孩子分房间睡觉的执行过程需要父母倾听孩子，耐心陪伴孩子。做得不好没有关系，对于这个年纪的孩子，此时正是父母从爱出发学习如何做合格的父母的时候。允许自己犯错，允许自己重来，放松心情，自然慢慢就能找到适合自己的方法。你要跟孩子产生联结，爱孩子，支持孩子，有质量地陪伴孩子成长。

关于分房间睡觉，你如果还有很多的疑惑，那回到文章开头看一看“价值观卡片”并回答那些问题，再来跟有经验的伙伴交流，这样将会对你有所帮助。

小知识

（1）原初场景：弗洛伊德将双亲性交的现场描述为“原初场景”。

（2）俄狄浦斯情结：又称“恋母情结”。弗洛伊德经典精神分析理论认为，儿童在3～6岁这个阶段对异性父母的一方有强烈的爱与占有的渴望，而对同性父母的一方则有排斥，想将其赶走甚至有让其消失的愿望。

第13章

常见的生殖器问题和包皮小手术，你知道吗？

价值观卡片

1. 如果你是爸爸，你有翻洗包皮的卫生习惯吗？
2. 如果你是妈妈，你每天会清洗自己的阴部吗？
3. 当你照料婴儿时，比如帮异性幼年子女清洗生殖器官，会有性唤起的感觉吗？
4. 你信奉会举行割礼的宗教吗？
5. 如果你是父亲，你自己接受过或者考虑过接受包皮环切术吗？你是否会想让你的儿子有跟你一样的体验？

私处护理和割包皮也是很多新手父母很关心的问题，这就涉及父母本身的生理卫生习惯和育儿理念。

新手爸爸妈妈会面临很多的问题。从我目前了解的情况来看，颇棘手的问题之一是新手爸爸妈妈们不熟悉生殖器官的相关知识和护理。比如，我在给我家宝宝洗屁屁时有什么注意事项吗？需不需要使用特殊的清洁液体？男孩的清洗方式和女孩的有区别吗？

关于自己的孩子的生殖器官是否正常，父母们也是忍不住会有很多疑问。比如："我儿子的小鸡鸡这么小，会不会有问题？""我儿子的睾丸看起来好像有点不对，不会是别人说的隐睾吧？""我女儿的外阴有时会有一些白色的分泌物，不会是性早熟的迹象吧？""我女儿的内外阴好像粘连在一起，要不要去看医生呢？"

而关于男孩子的包皮是不是过长、要不要去割，也是让很多父母苦恼而不知道该怎么做的问题。

男孩的阴茎有标准长度吗？

首先我们来说说男孩的外生殖器官的构造。男性的外生殖器官通常包括阴阜、阴茎和阴囊。阴茎主要分为头、体和根三部分，阴茎体指阴茎的根部往上长出的柱体，平时自然下垂。其前端是阴茎头，头的尖端则是尿道外口，也就是射出精液与排出尿液的部位。阴茎头底隆凸的游离缘被称为阴茎头冠，包裹阴茎头的那层皮肤叫包皮。

从功能上来说，阴茎是精液与尿液通过的器官。在精神层面，阴茎几乎是男性的力量和生育能力的象征。因此很多成年男性都有阴茎焦虑，而当他们有了儿子之后，会不由自主地把焦虑传递给孩子，担心孩子的阴茎长度不符合常规标准，即不够长。

实际上，阴茎的长度多半取决于遗传因素，而且不同的阴茎本身差别就是很大的，并没有一个所谓的标准长度。通常来说，阴茎在受到性刺激时会勃起变大，在平常状态下是耷拉下垂的。

有两种阴茎的状态需要引起家长的关注，一种是阴茎弯曲，一种是尿道开口异常。阴茎弯曲是指在勃起状态下，阴茎向上、下、左、右等某一个方向弯曲的情况。尿道开口异常是指尿道口开在了阴茎的下方，一般可以通过肉眼观察到。有这两种情况的孩子在小便的时候，很容易将尿液喷洒出来。你如果怀疑你的孩子存在这两种情况，那可以带孩子去当地的医院检查，以排除异常；如果诊断之后确实存在异常，则需要配合医生治疗。

有关阴囊和睾丸的常识

讲完了阴茎，我们来讲一些有关阴囊和睾丸的常识。

睾丸藏在男孩子生殖器官处外部可见的阴囊里。比起人体的其他部位，阴囊的皮肤内含有较多的色素，因此阴囊的皮肤会在不同状况下呈现出不同的样子，这些都是正常的。阴囊表面的变化有助于维持睾丸的温度。

睾丸是男性重要的生殖器官，有两个重要的功能：制造精子以及分泌雄性激素。在面对环境和温度的变化时，睾丸也会发生变化，即热胀冷缩、变大变小。但睾丸的日常温度通常要低于人体的温度，一般维持在33.88摄氏度左右；因此平常要注意保持孩子的裤裆透气。

另外，在男性胎儿成长的过程中，睾丸会在腹腔里发育；到了怀孕晚期，睾丸通常会下降进入阴囊中。有一种特殊的情况是，婴儿在出生的时候有一颗或两颗睾丸没有降入到阴囊中，这就是隐睾。隐睾在早产儿身上出现的概率更高一些。

孩子出生后，一般医院的医生都会对胎儿做全身检查，能够及时发现异常情况。你如果仍然不放心，可以在给孩子洗澡的时候，通过观察并触摸孩子两侧的阴囊来检查。如果你发现你的儿子有这种情况，不用特别担心，医生通常会建议观察几个月。一般情况下，睾丸会在 3～6 个月内继续完成下降。如果超过这个时间，睾丸仍然没有下降，就需要考虑去医院进行外科手术以帮助睾丸下降到阴囊里。因为睾丸降入到阴囊里可以产出最多的精子，还可以降低不育的概率，而且也有助于睾丸癌的早期发现。

关于包皮和包皮环切术

在养儿子的过程中，很多父母会纠结要不要给儿子割包皮。是否要割包皮。这要结合家庭的文化、宗教信仰和孩子包皮的情况来看。

一般来说，包皮能够对阴茎头起到一定的覆盖保护作用。在讲是否要割包皮之前，我们先来讲关于包皮过长和包茎的小知识。包皮过长是指无论阴茎是在疲软还是勃起的状态下，阴茎头都完全被包皮覆盖而无法外露，但可以用手翻开包皮，并且自由将其上翻至冠状沟的部位。包茎则是指包皮外口太小，或者包皮与阴茎粘连在一起，即使用手也无法将包皮外翻，导致阴茎头始终无法完整地暴露在包皮外面。

正常情况下，刚出生的婴幼儿的包皮与阴茎头都是生理性粘连在一起的。随着身体发育（包括阴茎的生长），包皮口会慢慢变大。在3～5岁时，包皮会逐步与阴茎自然分离。如果5岁之后，孩子的阴茎还完全处于包茎状态，那就要考虑去医院检查以确定是否要让孩子接受包皮环切术。因为包茎可能会限制阴茎的发育，而且冠状沟部位不能清洗，容易藏污纳垢，从而引发一些常见疾病，比如阴茎头包皮炎、阴茎头炎和尿路感染等。

包皮环切术是一个很简单的手术，并发症很少。手术过程中虽然会出血，但很容易治疗。即使有轻微的炎症，通常在手术后一周内也能恢复。

割包皮究竟好不好？

很多人想咨询割包皮到底有没有好处，这实在没有标准答案。

国外很多人选择割包皮是出于文化和宗教因素，并不是基于确切的保健理由。比如在某些宗教中，割礼是孩子成长中一个重要的仪式。

而科学研究目前对割包皮的利弊并没有得出统一确定的结论，因为他们发现割与不割都各有所得。比如没有割包皮的男孩在1周岁之内患尿道炎的概率较大，但即使没有割包皮，1周岁之后，男孩子得尿道炎的概率也会大幅下降。没有割包皮的男孩子的阴茎似乎比较容易发炎，但如果孩子能够学会正确的清洗方法，并且养成清洗的习惯，那得阴茎头包皮炎的风险也几乎为零。

有的人会出于阴茎敏感度的考虑而去做包皮环切术。但目前并没有确切的研究数据表明，割过包皮的阴茎的敏感度会增加。调查结果显示，有人说割包皮完全没有影响，有人则说会增加男性及伴侣的快感。不过快感本来也是因人而异的。

男孩的私处护理

那么，如何正确帮助孩子清洗阴茎呢？一般来说，在孩子3～5岁时，阴茎和包皮就会慢慢分开。这个时候，父母如果跟孩子一起洗澡，就可以考虑帮助孩子清洁阴茎了。

正确的方法是这样的：在洗澡的时候，你轻轻沿着儿子的阴茎将包皮推开，力度轻柔，不要强行用力，不必追求一次推开。在阴茎头暴露后，用手掌接住一些花洒喷出的水浇到包皮的内侧、阴囊皮肤和阴茎的下方，轻轻擦洗。最后用柔软的毛巾擦干水，让包皮自然回弹包裹住阴茎头就可以了。

当你操作几次之后就可以教小朋友自己来翻了。这个时候也是一个教孩子认识自己生殖器的好机会。这里有三个注意事项：一是最好用温水，并且不要使用任何洗护用品，因为过度的清洁反而会造成刺激。二是如果孩子多次出现小便时哭闹、尿急等状况，就要在清洁的过程中注意观察宝宝有没有出现包皮内有小“异物”或者阴茎红肿等情况。如果这些情况都出现了，那就要考虑带孩子就医，检查是否有尿路感染的问题，比如阴茎头包皮炎等。三是特别注意不要用力强行翻宝宝的包皮，如果孩子存在包皮过紧或者生理性包茎的情况，建议请求医护人员的帮助。

关于女孩子的大小阴唇粘连

如果你发现你家女儿的大小阴唇粘连到一块了，先不要着急。研究表明，在3～6岁的女童中，至少有12%的女童存在阴唇粘连的现象。如果这种情况并没有影响宝宝的健康状态，比如宝宝没有感到不舒服或出现泌尿系统感染的症状，可以先不用管它。随着年龄的增加，大部分孩子的阴唇会自然分开。

女孩的私处护理

因为生殖器官的构造不同，所以女孩子的私处护理和男孩子的稍有不同。如果说男孩子的护理重点在于翻洗包皮，那女孩子的护理重点在清洗顺序。通常来说，在对女宝宝外阴进行护理时，重点是按照从前往后的顺序——先是尿道口和外阴部，然后是屁股——用温水进行清洗，洗完之后用干净柔软的毛巾轻轻擦拭外阴部。

有两点注意事项：一是最好用温水清洗，不要使用任何洗护用品；二是要养成每天清洗的好习惯。

有些女宝宝外阴会有少量白色分泌物，这是正常的生理现象。这些分泌物中含有杀菌、抑菌的物质，对宝宝的阴部能起到保护作用。

总结一下，对于私处的护理，不管是男宝宝还是女宝宝，保持阴部的清洁都是最重要的。如果宝宝日常小便没有不舒服，那么那些看起来“异常”的情况，你也不用太担心，更不必急于做手术，先持续观察一段时间。如果出现排尿困难，那可能是泌尿系统感染，此刻才需要去看医生。另外，在帮助孩子清洁阴部的过程中，父母要跟孩子保持沟通，跟他讲你正在做什么；同时自然地称呼这些部位的名称，简单地解释它们的功能。父母要告诉孩子生殖器官跟身体所有其他的部位一样，对他很重要；可以跟他讨论为什么要帮助他清洗，洗完之后他的感觉是什么；可以顺便讲讲你期待他慢慢长大自己来做这些事情，并养成良好的卫生习惯。

很多父母会在清洗宝宝的生殖器官时感觉不自在，那这个时候父母就需要去了解这种不自在唤起了自己什么情感。文章开头的“价值观卡片”就是这样的一个觉察工具，你可以反复多看看。

小知识

（1）女性性器官：阴阜、阴蒂、大阴唇与小阴唇这些是外部构造，阴道、子宫、子宫颈、卵巢、输卵管这些都是内部构造。而尿道口、会阴、肛门和乳房这些也是重要的生理部位，只是不具备生殖功能。

（2）男性性器官：阴茎和阴囊是肉眼可见的外部构造，睾丸、附睾、输精管、精囊、尿道球腺是内部构造。乳房、尿道、臀部、直肠与肛门这些部位不具有生殖功能，但可能会对性行为造成影响或受到性行为的影响。

第 14 章

性侵和猥亵儿童事件频发，怎样保护孩子的安全？

价值观卡片

1. 你认为，孩子几岁可以自己在外面玩？
2. 你认为，在孩子几岁时可以开始教他保护自己？
3. 你认为，孩子几岁之后才可以交给邻居或熟人看护？
4. 你会跟孩子就他是否能区分怪怪的或不舒服的感觉而进行沟通吗？
5. 你会教孩子什么是尊重自己的感觉吗？你愿意相信孩子跟你讲的话吗？

在性发展的过程中，隐私保护和安全问题是很重要的议题。但对于这个问题，很多家长会有很多误解甚至错误的行动。

儿童性侵是孩子在成长中所面临的一个可怕的风险，也是很多父母关注孩子性教育的最初的动因。保护孩子免于性侵是全天下所有父母的养育责任和目标。对于这个年纪的孩子，你的性教育可以从教授孩子认识隐私、和孩子沟通简单的自我保护知识，以及观察孩子的成长环境等几个方面来展开。

下面我们逐一具体来看。

教孩子认识隐私

关于隐私的教育，大部分家长都会先从教小孩子什么地方可以让人摸，什么地方不该让人摸开始，教导孩子如何辨识并拒绝不正当的意图——这些都会降低孩子遭受性侵的风险。

在孩子3岁前，我们的重点是教会孩子理解身体权。这个年纪的孩子，因为各方面不独立，基本都是在父母或监护人的眼皮底下活动。而且，孩子年纪太小，完全没有保护自己的能力，因此避免孩子遭受性侵害百分百是家长的责任。你可以利用和孩子朝夕相处的机会，在亲子关系互动中慢慢让孩子了解身体权的概念。这个概念的核心是：我的身体是我自己的，我是可爱的，我值得被爱，我有自己的感受和喜好；因此，我可以拒绝所有我不喜欢的触碰。

在教会孩子保护隐私之前，要先教孩子认识生殖器官，了解生殖器官的结构，了解身体的自主权利；先教孩子爱自己的身体，爱自己这个人。孩子需要能够讲出生殖器官的名称，这样万一发生了什么事情，他才能够跟你讲得明白。

等孩子大一点，比如4岁左右，可以开始教一点隐私的概念。隐私的概念包括两个方面：隐私部位和隐私行为。清楚告诉孩子，男孩子的隐私部位是指他的阴茎、睾丸和肛门，女孩子的隐私部位是指她的乳房、阴部和肛门。隐私行为是指身体上的这几个部位不能随便让别人看或摸，一些特别的情况例外，比如，爸爸或者妈妈帮你洗澡或换衣服，或是你生病的时候医生帮你检查身体。同样也要告诉孩子，未经允许，他也不可以随便看或摸别人的隐私部位，无论对方是大人还是小孩——要尊重别人的隐私。

跟孩子聊一聊触摸的感觉和界限

身体界限的意识是在日常的生活习惯中养成的。比如，制止孩子故意摸大人的隐私部位的行为，鼓励孩子表达自己不喜欢的触摸方式，父母以身作则地示范如何表达自己的喜欢与不喜欢，尊重孩子的喜好与界限，等等。

跟孩子聊一聊他平常会喜欢哪类触摸，不喜欢哪类触摸。然后你要告诉孩子，对于自己不喜欢的触摸，无论是谁，无论是身体的哪个部位，他都可以说“不”。如果他不敢讲出来，可以跟爸爸妈妈讲，爸爸妈妈会帮助他，慢慢他就会有勇气拒绝别人了。

最重要的是，平常要养成跟孩子谈话的习惯。晚上回到家里，可以跟孩子聊聊他不在爸爸妈妈身边时发生的事情。让他开心的不开心的，让他害怕的或他觉得好奇或者有趣的事情，都可以在晚餐桌前跟爸爸妈妈聊一聊。

养成这种谈话习惯的关键是大人愿意并且懂得倾听孩子说话，不会轻易对孩子说的内容进行评价或者说教。这样的谈话也有助于孩子理解什么是秘密，知道他和爸爸妈妈之间是没有秘密的。如果有人对他说不能告诉爸爸妈妈哦，这是个秘密，那孩子就会知道，这个人通常对他是有企图的，是危险的，要想办法离开这个人。

日后等孩子慢慢长大，你就会知道这样的亲子沟通模式的好处了。

幼儿园的选择，以及审视学校的性教育课程

孩子满3岁之后，父母通常就会考虑把孩子送到幼儿园去。在甄选合适的幼儿园时，你也要非常谨慎。你要打听学校里老师的历史，跟校长了解学校对老师的选择标准，学校是否有对老师进行关于性侵害的培训，学校是否有与老师和孩子之间的

触摸有关的限制与规则，等等。仔细观察和沟通了解是最好的做法。

孩子进入学校后，你还可以继续跟进学校对性教育的重视程度，以及是否具有相关的课程。如果学校说他们会在日常的教学中安排相关的课程，那你可以多了解一点。

如果学校提供的性侵防范课程的内容过于严肃，那你可以跟老师谈一谈。你如果认为内容会吓到孩子，就别让孩子参与。如果孩子上了课，那么你就在事先或事后与孩子一起讨论，将孩子的恐惧感降至最低。

你如果觉得内容很棒，那就可以松一口气，但也别就此撒手不管；要检查孩子的作业，问问孩子课上老师教了些什么内容。这些都能加深孩子的印象，你还能趁机分享你有关身体和性的价值观与看法。

评估孩子的其他照顾者

现在的很多家庭里，父母都要外出上班，因此很多孩子在3岁之前都是托付给家里老人带的。有的时候老人帮不上忙，父母就需要请保姆。

在雇保姆之前，你最好也要跟她交流一下她是如何处理涉及性的相关问题的，以确定她是否合适。当然你可以从她的背景调查开始，了解她之前陪伴孩子的经验。面试的时候，你可以详细了解她对陪孩子睡觉、与孩子洗澡、帮孩子擦屁股等事情的态度，也了解下她的婚姻状况，从侧面评估她对性的态度，甚至可以直接问她以前是否有过性侵害的经历这样的问题。在录用之前，你还可以通过中介服务机构和当地的公安局系统对保姆的信息进行核对。

在试用观察期，你也要注意观察她对待孩子的态度是否跟她所讲的一致，她是否有不合适的行为，比如跟孩子洗澡触碰到孩子的隐私部位时的态度，是否会让孩子触摸她的乳房或者随意亲吻孩子的嘴唇，等等。你可以清楚地表达你的期待，即你希望她如何与你在养育孩子的问题上保持一致，其中包括如何称呼孩子的生殖器官，如何对待孩子吃手和触摸自己的生殖器的行为，是否允许随意打骂孩子，等等。有的时候你也可以不经意地跟孩子聊聊在家里是如何跟保姆阿姨度过一天的。

如果有任何迹象表明这个保姆有侵犯孩子的嫌疑，比如孩子面对保姆时的状态、孩子对身体触碰的反应、孩子平时的吐字状态、邻居的反应，一旦出现异常情况，宁可信其有，不可信其无，立即着手将保姆换掉。

保姆性侵幼童的案例确实不少。对于年幼的孩子来说，当父母不在时，他的依恋对象变成这个爸爸妈妈信任的人，因此他很难知道保姆的哪些行为是不对的。但也不要疑神疑鬼，一旦考察期结束，如果没有发现什么问题，就要对保姆表现出完全的信任。

另外，有的家庭里是老人在白天代替父母照顾孩子，那么对老人过去的性历史做一些了解也是有必要的。调查内容包括目前老人的性生活情况。老年人的性需求是目前社会上总是被忽视的一个比较大的问题。如果实在不放心，就考虑安装一个监视器，但这些事情都不需要让孩子知道。让年幼的孩子信任其所依恋的人也是很重要的，这是形成安全感的基础。

是否有保护孩子免遭性侵害的万无一失的方法呢？

答案是没有。一方面，孩子即便懂得再多，也斗不过大人，而且要让这么小的孩子理解那么多的概念也是非常困难的。但我们可以让孩子知道的是，如果有人要伤害他们，他们可以说“不”并且马上离开那个环境，然后告诉爸爸妈妈。如果有人已经做了伤害他们的事情，他们回来告诉爸爸妈妈并不会被责骂。

父母才是保护孩子安全的主要责任人。父母在日常生活中要学会观察和倾听孩子。比如洗澡的时候要留意孩子的阴茎或阴道是否异常，孩子是否对触摸或者暴露生殖器有着无法停止的固着行为，孩子对性是否有超出正常的兴趣，孩子的性游戏内容是否超出了这个年纪的孩子该好奇的内容（比如口交），等等。

当你发现自己的孩子出现这些行为，会觉得恐慌也是正常的，但不要因为恐慌而开始责问孩子。先试着保持平静，跟孩子聊聊，先了解孩子是怎么学会这样的行为的；然后打电话向相关的专业人士咨询，必要的时候去医院做相关的检查。如果发现孩子已经被性侵了，就寻找专业的治疗机构，尽量让事件对孩子的伤害降到最低。

但在孩子6岁之前，不需要跟他们谈性侵的事情，只需要告诉他们，如果有其他任何人碰他们的生殖器官，一定要告诉家长。这是因为正常情况下，这个年纪的孩子遭受性侵的概率比大一点的孩子低。因此有关性侵的谈话不见得会产生多少正面的效果，反而会比较容易给孩子带来负面的影响，比如让孩子对这个世界产生不安全感，无法信任成人甚至害怕成人；或者对自己的生殖器官产生恐惧。这样不利于孩子的性健康发展。

总之，在孩子懂事后，比如4岁之后，你对孩子的防性侵教育就可以不断重复进行。根据孩子的理解力的提高，从浅到深，并结合其他的性问题，用简单几句话提醒孩子：要尊重别人的隐私，有关性的玩笑仅限于好友之间。你也需要教孩子识别可能的伤害，判断谁会是不怀好意的。平常生活中要仔细观察，仔细聆听孩子对周围人的看法，如果发现有任何值得怀疑的人，就追查到你放心为止。

最后，还有一点很重要。

如果你总是没有理由地焦虑担心孩子遭受性侵害，这应该是你自己过去的经历带来的影响。你要寻求帮助来处理自己的这个问题，而不要任由这个担心影响孩子与人的正常接触。你可以跟孩子一起圈出周边的人，整理一个爱心圈，指出哪些人是可以触摸他的，哪些人是不可以的。对于孩子来说，他需要在跟信任的人拥抱、亲吻中体会到爱抚是一件很美好的事情。相信孩子自己的判断和直觉，他内心知道谁的触摸是舒服和安全的。你需要让孩子尊重他自己的感觉，自己决定是接受还是拒绝别人的触摸，同时也要让他知道你完全支持他对任何令其不愉快的触摸说“不”。

享受和孩子紧密地联系在一起的时光吧，用你全身心的爱养育你的孩子。在孩子完全独立之前，你生活在他的圈子里，继续参与他的生活，这是防止孩子受到性侵最有效的方法。

防范性侵犯是孩子在成长过程中反复要做的事情，父母懂得在不同的阶段对其进行不同的性教育也是很重要的。有的时候父母可能因为个人经历会有很多的恐慌。回到本章开头的“价值观卡片”，结合学到的知识，在生活中慢慢实践，相信你终究能够找到适合你和孩子的最好的性教育方式。

小知识

（1）儿童性侵：指任何发生在成人与不满14周岁的孩童间的性互动，包括爱抚、口交和具有性意味的亲吻，以及侵入阴道或肛门等。广义的儿童性侵还包括非肢体上的接触，比如对儿童暴露生殖器，或命令儿童裸体、自我刺激，并在过程中录影或拍照。性侵的初期影响包括身体、情绪、社交等方面的障碍。

（2）性侵创伤：包括创伤后应激障碍、背叛感、无力感与自我污名化等。治疗方案视不同的治疗师而定，通常为利用认知与行为心理治疗来协助受害者。

小结

台湾知名性心理师吕嘉惠女士提过亲职性教育生涯规划的概念。她认为，亲职性教育本身就是以父母为主体，伴随孩子长大成人的一个工作，需要父母进行有意识的规划。在孩子0～6岁这个阶段，新手父母思考自己的教养哲学是非常重要的。这也是我设置“价值观卡片”的意义所在。

在牙牙学语阶段，孩子对性的好奇没有很多危险性，父母不会有很多焦虑。但对于此阶段的孩子，父母在思考自己要给孩子什么样的性教育以及要教些什么之前对自己的性状态做一个整理，是非常有必要的。然后父母开始逐渐展开自己的资源搜索，找到自己认可并且相信的教育和性教育理念。同时，慢慢关心孩子的性发展，与孩子建立足够好的亲子关系，锻炼自己开口谈性的能力，建构自己开展性教育的能力。

第二部分

7～12岁性教育

概论

小学生性教育的特点与挑战

走过懵懵懂懂的幼儿性发展阶段，孩子很快就进入了小学阶段。孩子离真正意义的性行为越来越近，开始表现出更多的性好奇来。

小学生性发展的特点

小学阶段是儿童成长变化巨大的时期。这个阶段的儿童开始拥有逻辑思维能力，以及关于外界的更多也更清晰的认知，而且提出的问题变得更具体。同时，他们的性发展也进入了新阶段。

在性别认知发展上，他们开始能够意识到生理性别的恒定性，即男孩会长成男人，女孩会长成女人。在学校里，他们也会观察到，这个时候，大部分孩子会按性别扎堆一起玩——男孩一堆，女孩一堆——一个班级有很多个小团体。

要注意的是，这个时候也是那些跨性别的孩子开始感受到难以处理人际关系的时候。他们很难融入任何一个女孩团体或者男孩团体，会因自己的不一样而备受排挤与冷落，甚至遭遇到欺凌。

这个年龄段的孩子能够理解社会文化对性别角色的要求，能够意识到或内化成人对自己的生理性别的期望，比如从小被教导男孩子要阳光开朗，女孩子要温柔贤淑等。这些外在的标准和期待，给某些孩子带来了很大的压力。

性语言在这个阶段极其常见，校园里到处流传着跟性有关的段子或笑话。低年级的孩子们会对屁股啊，鸡鸡啊，性交啊特别有兴趣，认为其具有神秘性；高年级的孩子开始对身体发育表现出很多的好奇，也会对发育很早的女孩给予特别的关注。当这种关注变成捉弄或闲言碎语时，这些发育颇早的孩子会很苦恼。

这个阶段的儿童对怀孕和生产有很具体的好奇，不会被“你是从妈妈肚子里来的”这样简单的答案所糊弄，他们更多地会进行“精子和卵子到底是怎么结合的”这样的追问。这通常会让很多父母感到为难，不知道该如何回答。除了追问父母，孩子们之间也会出现一些“性学专家”，在校车上或学校的操场上神秘地传播有关“宝宝是从哪里来的”的消息。

虽然小学的孩子依然对性问题非常有兴趣，但因为他们已经有了更多的隐私观念，更在意私人空间，所以他们不会让成人知道自己很多的性行为表现，也会要求父母尊重自己的隐私。

随着年龄的增长，这个时期的孩子自慰的可能性也越来越高。他们自慰的方式跟小时候的不一样，他们会更注意隐私，并且有时候会加入一些童话般的性幻想。

6岁之后，大部分孩子对裸体的态度会发生很大的转变。他们从社交关系以及父母的态度上懂得了裸露和性的私密性，然后逐渐把成人对性与隐私权的态度内化成自己的隐私规则，因此不会再随便光着身子在大厅里乱跑。

内化了隐私的概念后，儿童的性行为并不会在他们6岁时就打住，而是变为偷偷摸摸地进行。在私下里他们对生殖器的探索更具有目的性，男孩子仍然会和女孩子躲在大人看不见的地方一起玩老公老婆的性游戏——一个人当老公，一个人当老婆，第三个人当导演。这种游戏不仅比6岁前的游戏更隐秘，也可能会让他们体验到由性带来的感官刺激与兴奋；但他们玩这些游戏都不是因为性欲。

这个时期的儿童会开始与外界建立自己的连接，比如交朋友。在与异性交往的过程中，他们会在大脑里理想化自己的恋人、爱情和性——我们将其称为“头脑中的爱情地图”。孩子们会在互相讨厌（表面上）和拌嘴中暗生喜欢。你如果注意观察，就会看到男生经常在操场上追着女生跑，威胁要夺回自己的东西；女生把男生堵在男厕所，威胁要抓他们。我儿子在一、二年级的时候经常回家给我讲这些事情，非常有趣。这个时期的儿童，玩亲亲也是有的，但跟性吸引没有关系，就算双方有一点性吸引和爱慕的感觉，也不会发展成恋爱关系，因此不会产生真正的爱情。这就是儿童时期的两性关系。

但这个年龄段的孩子会表现出攻击性，可能会通过说脏话以获得控制权。他们也爱幻想，有较好的领会能力，会表现出对网络或电视信息的依赖；父母的性教育可以依据这些特点而展开。

关注性别教育与校园性别霸凌

在这个阶段，父母要提供更具深度的性别教育，防止孩子（在传媒或小伙伴的影响下）走入刻板化的性别角色中，提醒孩子保持平等与尊重的性别态度；随着孩子身体进一步发育，要提供更准确细致的有关身体与性器官的教育，同时植入一些健康积极的认知给孩子，以解答孩子可能会对身体提出的迷惑；让孩子了解生命是在女性子宫内生长并最终通过阴道分娩的；对于女孩的月经和男孩的遗精，在他们经历之前就告诉他们。

孩子上了小学后，会更多地意识到社会对男孩和女孩的角色有不同的期盼，因此他们更容易发现和谈论那些不符合世俗期待的孩子。而事实上，总有几个孩子会有一些比较明显的认同另一个性别的表现和行为。那些喜欢像男孩一样说话和做事的女孩会被贴上“男人婆”的标签，那些说话温柔且举止文静的男孩会被贴上“娘娘腔”的标签。如果你的孩子属于这类情况，那你要特别关注他是否在被迫面对取笑和社交孤立；性别霸凌很容易发生在这类孩子身上。想一想，如果你的儿子喜欢跳芭蕾舞，你会是什么样的感受和反应？因此很多时候我们也要审视和觉察自己是否具有严格的性别刻板印象和角色期待，如果有，我们将会很难接受我们的孩子跟别人的不一样。但要知道的是，孩子的这些行为并不是他们故意要这么做，这是生物表现影响的结果，这是很难被改变的，就像左撇子不能通过坚持用右手写字来改变习惯一样。

完整地告诉孩子生命的来源

根据前面孩子性发展的特点你可以知道，这个时期的孩子会追问精子和卵子到底是怎么结合的。这可能会让父母觉得非常难为情，因为向儿童解释性交的概念是非常具有挑战性的事情。而小学低年级是比较适合父母向孩子介绍性交概念的阶段。如果你赶在高年级的孩子神神秘秘地教导你的孩子之前就告诉了他，这样他就可以毫无兴趣地回复那些大孩子：“我爸爸和妈妈跟我谈过这些，我不需要听你的。”

如果你在孩子第一次问你“精子和卵子到底怎么结合”时，支支吾吾或者转移话题避而不谈，甚至怒骂了他“问这么多干吗，长大了你就知道了”，孩子就会从此向你关闭好奇的心，然后转向其他人或寻找其他渠道询问。

你还记得你是怎样了解到性交知识的吗？谁告诉你的？你那会儿多大？你最初的反应是什么？你有猜想过你的爸爸和妈妈也会做爱吗？或者压根儿就没有人告诉过你，你是全部靠自己一个人慢慢琢磨或长大后才知道的？回想起自己过去稀里糊涂的种种经历，你是不是也觉得认真地告诉孩子正确的性交的概念相当重要？

在向孩子介绍性交的概念时，有一些非常重要的内容需要强调：

第一，孩子需要先了解男性和女性身体结构的不同，清楚各自的生殖器官的名称和功能，这是解释的基本内容。第二，要让孩子了解，性交不只是为了生宝宝，也是感受爱和快乐的行为。第三，要让孩子知道人们是可以选择是否要生孩子以及什么时候生孩子的，也可以跟孩子讨论现在中国的生育政策是提倡一个家庭可以生三个孩子，这个生育政策是一直在发展变化的，同时也可以讲讲其他国家的生育政策。第四，在讲解的过程中加入你的价值观，比如相爱的两个人等等。这些诚恳的回答传递出你对他的好奇与提问的尊重，让他明白性行为是成人的事情，而且人是可以主动选择的。最重要的是，告诉孩子，家里是可以讨论性话题的。

管理网络色情信息

自从手机、电脑得到普及以及电子游戏成为孩子社交的一种方式后，孩子接受网络色情信息的渠道已经不再是电视和报纸了。相对于电视和报纸，手机和电脑更加不好管理，因此孩子接触各类性内容的机会大大增加。这些内容五花八门、漏洞百出，而可怕的是，很多孩子因为接触不到正确的性知识就会被好奇吸引而很相信这些内容。

孩子会被网络色情信息影响是肯定的，如何帮助这个年纪的孩子正确应对网络色情信息是家长进行性教育的过程中需要面对的一个巨大的挑战。作为监护人，采取一些行动来帮助孩子有限地接触到超过他的年龄段所能承受的信息刺激是很有必要的。这些行动可以包括：

1. 限制孩子用手机或电脑上网的时间。这不仅与性议题有关，也有可能减少孩子遭遇暴力和侵犯的机会。和孩子商量这个规则时，除了要让孩子理解和接受你的做法，你也要更多地参与到家庭时间里，比如和孩子一起散步、骑自行车、玩拼字游戏和交流。

2. 作为家长，你需要确定孩子看的网络内容或电视节目是否适合他这个年龄。因此你要对孩子玩的游戏、浏览的网站以及看的电视节目的内容有所了解。

3. 不要让孩子单独把手机或电脑带进房间里，也不要在孩子的房间里放电视机。尽量在规则里写明孩子只能在你们可以随时进出的书房或客厅里玩手机和电脑，并且要表示你会检查他是否遵守了规则。

协助孩子培养有效使用和管理网络信息的能力是一个渐进的过程。除了和孩子一起订立规则之外，你还要跟孩子详细解释这么做的原因，让孩子理解并涵容你们的规则内容，从而让他意识到自己需要主动来处理这个问题。同时你也要相信孩子是一定可以做到的。

抓住可教时机开始与孩子谈性

如果你的孩子能够很坦然地跟你讲“妈妈跟我聊聊有关性的一些事情吧”，那非常好，你们就可以开始相关的对话了。但是大多数孩子不会这样。因此你需要自己去寻找更容易引导孩子展开这类话题的机会，而不是等着和孩子进行一次有关性的严肃谈话。

当阅读一本相关的书籍，看一场有亲密接触的电影或电视剧，遇到怀孕的妈妈，看到艾滋病公益广告，亲子共浴，撞见孩子自慰，孩子撞见父母做爱等时，你可以借此与孩子交谈。那些让你感觉尴尬的事情，其实也正是你可以与孩子心平气和地交谈关于什么是性，以及该用什么样的态度和价值观来处理性行为的机会。比如买一本介绍宝宝出生过程的书，事先放在孩子容易发现的地方，让他有机会拿到并自己读，然后你就可以以这本书为话题开始跟孩子进行这类话题的交流。

其实孩子非常希望父母与他们谈谈有关性的一些事情，希望父母在他们遇到具体问题时给予帮助，也想知道父母对这些重要问题的想法和感受。他们会很愿意听你们讲自己小时候的故事。

跟孩子保持沟通最好的方法是，尽量选择一些有开放性答案的问题。比如：你知道宝宝是怎么出生的吗？你知道你的身体长到什么时候就可以生宝宝了吗？你觉得性是什么？它意味着什么？你觉得你长大后身体会有哪些变化？或者你知道为什么你的身体会有这样的变化吗？你还可以问，男孩的身体发生了什么变化，女孩的呢，等等。

然后尽量鼓励孩子提出自己的思考，比如对孩子说“哦，那你再说说你是怎么想的。”“为什么你这么想呢？”“那你再给我讲讲吧！”。有时候你觉得很不自在或者自己也不知道答案，这都是很正常不过的事情。你可以如实告诉孩子你觉得有点难为情，或者你现在还不知道答案，让他给你一点时间，你去了解一下然后再告诉他。

另外有一个要特别提醒的是，需要对女儿和儿子进行相同的性教育，孩子对异性身体的好奇并不比同性的少——对同性与异性充满好奇是所有孩子都会出现的情况。而且和孩子讨论性话题是一个持续的过程，不是讲一次就完成了性教育；孩子要理解你的价值观，理解他所观察到的事情，这是要经历一个长期反复确认的过程的。你可以在车上、路上、看电影、看电视、读书这样的时候寻求谈话的机会。

但如果我们在日常生活中想让孩子理解什么是爱，那最重要的方式就是言传身教。父母相爱的良好示范，可以减少每天电视、游戏和电影里暴力情景对孩子造成的不良影响。父母和其他家人之间表达爱，相互照顾，彼此善待和尊重，这些都会深深地影响孩子。

孩子所处的小学阶段是父母在实践中发展性教育能力的重要时期。在孩子对性似懂非懂，对身体与性知识的好奇更加贴近性的本身时，父母能够涵容孩子对性的焦虑，同时也储备了与孩子进入青春期前的身体变化、心理变化等相关的知识。

小知识

潜伏期：这一概念来自弗洛伊德的人格理论。弗洛伊德认为，人天然就有性本能，而且性本能是生物性能量；人随着年龄的变化，会有不同的性快感中心。在孩子6～12岁时，性欲会突然间消失一些，他们会隐藏对异性的性欲，而更重视和同性的交往。在性发展行为表现上，出于性好奇，孩子会将对性的探索转入地下，而且会寻求更加隐秘又刺激的玩法。

第15章

孩子长大了，该怎么告诉他们宝宝是从哪里来的？

孩子进入7岁之后，逻辑思维能力明显增强。关于宝宝是从哪里来的这个问题，如果他之前已经知道宝宝是妈妈生出来的，那么你就要做好充分准备，这个年纪的他随时会问你：那宝宝是怎么进到妈妈肚子里的？实际上，这个年纪也正是教孩子科学了解人类生命来源的最佳时机。教导的内容应该包括性交行为，以及精子与卵子、怀孕和生产的过程。

很多人之所以不知道如何回应孩子关于生命来源的问题，是因为卡在了如何解释性交行为这个事情上。因为对性的看法带有自己的经验和不自觉的文化影响，所以说起性交行为总是觉得难为情或者羞耻。在这样的感觉的影响下，人们就会觉得这个问题甚至连同问问题的孩子都是不正经的，却忘记了这个孩子其实只是对生命好奇，想从逻辑上搞清楚精子从一个男人的身体里出来后是如何跟一个女人身体里的卵子结合的，仅此而已。但如果没有任何准备，想应付孩子的这个问题是不容易的。

在回答孩子的问题之前，你需要做一些评估和准备

评估你作为父母开口谈性的能力

先回想一下，在孩子7岁之前，你一直是如何面对他诸多的性好奇与各类性行为探索的？每一次看见孩子摸自己的阴茎或阴部，听见孩子追问你为什么你的阴部上有毛时，你会恨不得装作没看见、没听见而含糊过去，或者怒斥孩子吗？在孩子处于认识身体的年龄时，你能自然地教孩子认识阴茎、睾丸、阴道和子宫吗？你会觉得孩子针对自己是怎么来的而追问性交细节是性早熟的表现，且超出了他应该学习了解的知识范围吗？

你如何看待孩子的这个好奇提问和你如何处理你内心对性的恐惧与焦虑，决定了你会如何回应孩子。如果你一直在自然跟进这些内容，但还觉得慌张，那你需要的只是系统地组织好你的语言。

评估孩子的性知识和性发展状况

他对宝宝是从哪里来的这个问题的答案已经了解了多少？他是否好奇询问过？如果他询问过，那他的理解处于哪个层次？你们有一起读过与出生教育相关的绘本吗？他是否清楚生殖器官的名称和功能？他从学校接受了多少这方面的知识？你们之前关于性的沟通都是怎么进行的？会借助书籍或电影视频等媒介吗？他今天为什么会突然问这个问题呢？你如果不清楚，也不需要瞎猜，可以直接好奇地询问他怎么突然对这个问题感兴趣了，然后依据他的回答展开谈话。

这样的评估过程，会帮你做好心理和情绪上的准备。一方面，通过评估自己的准备状态，你会审视自己在性上所持有的态度和想法；另一方面，通过了解孩子的状态，你会在情感上更贴近孩子，也会专注于如何更好地回应孩子。当解决了成年人的各类担心后，你就可以跟孩子科学地解释生命是怎么来的这件事了。

如果评估之后，你仍然觉得自己不能开口谈性交行为这件事情，那可以告诉孩子你要过几天回复他。在争取到的这些时间里，你可以私下对着镜子做一些练习，甚至一个人做家务的时候也可以试着讲出阴茎、阴道等词汇。你也可以跟你的伴侣一起练习。如果实在是无法缓解自己的焦虑，那么你也可以带孩子去找你信赖的专业老师，让老师来代替你解答。

了解孩子想问的是什么，搞清楚他的问题是由什么引发出来的。

当然，你需要先对孩子的好奇心表示肯定，然后从简单的提问开始，弄清楚他想问的是什么。要知道，孩子们是不会凭空提问的，他们肯定是听到了些什么，或是已发生了什么事情，否则他们是不会问这个问题的。

你可以先温和地问他们是从哪里听到“性交”这个词或是有关生命来源这件事情的。比如：“你觉得精子和卵子是怎么结合的？”或者“我很高兴你会问我这个问题呢。不过，我也蛮好奇，你今天怎么突然想到了这个问题？”

有时候小孩子们会用一些他们自己完全不理解的话或名字来互相取笑。可不管你的孩子看上去是多么不经意，他的言语都有可能会揭示他平淡表情下隐藏的巨大伤痛和恐惧。

如今的网络时代让小学生的校园文化变得更加复杂。在那些没有任何性教育意识的家庭里，父母对孩子上网没有任何指导和限制，以至孩子接收了很多超出自己认知和体验范畴的信息。他们会在玩笑中用一些词语嘲笑或肆意评价别人，诸如处女、性感、做爱、男同性恋、女同性恋，甚至是一些更糟的词汇。再加上学校的校园文化氛围很差，很多性霸凌事件因此发生。

你如果不知道这些词，或不会回答孩子的问题，那就请坦率地承认，千万别说谎、别逃避，也别长篇大论地批评他浪费时间和“令人讨厌”的孩子在一起。你需要记住的是，小学生有时候之所以会问一些细节类型的问题，是因为有事情发生在他们身上了。

即使是在管理很好的学校，这个年龄的孩子也经常会从高年级的孩子那里听到一些关于宝宝从哪里来以及父母之间一定发生了什么不可告人的秘密行为的隐晦又神秘的小故事。所以你要搞清楚他目前已经知道了哪些知识，然后指出哪些是不科学、不正确的，再慢慢地告诉他正确的知识是什么。

而且，7～12岁（小学阶段）的孩子的认知思维开始不断发展。他们会开始做简单的逻辑演绎和推理，同时对宝宝的形成过程更感兴趣。

对于精子到底是怎么跟卵子结合的，他们会有各种想象。是不是亲一下嘴巴就过去了？还是只要大人们睡在一起，精子就会从床上游到女人的体内？一个9岁的孩子还曾经问他妈妈：“是不是排卵的时候，妈妈喊爸爸过来一起看电视就可以了？”

搞清楚孩子大脑里这些匪夷所思的想法，认真跟他讨论其中的可能性，然后再根据孩子的困惑，用孩子能理解的语言做简单直接的回答。

除此之外，你还要有一些准备

思考你的回答是否需要书籍或小视频做媒介，并做好准备。

是否需要讲解工具，视情况而定。比如，你的孩子是否有知识基础，孩子提问的场合是否方便，你想要达到的性沟通互动的效果，等等。

进行简单直接的回答

使用生殖器官的正式名称，用孩子能理解的语言说明性交行为，科学地解释受精卵就是精子和卵子的结合，简洁地讲清楚怀孕和生产的过程，整个讲解过程要语气自然、逻辑清晰——这就是一个很好的回答。比如，你可以这样说：

> 当一个成熟的男人和一个成熟的女人彼此相爱，想生宝宝时，两个人的身体就会靠得很近。男人会把阴茎放到女人的阴道里，摩擦之后呢，精子就会从阴茎里跑出来，游进女人的身体里。如果这些小精子中有一个跟女人的小卵子结合，它们就会形成一个细胞，叫作受精卵。受精卵会在妈妈身体里一个叫作子宫的地方慢慢长成小宝宝。小宝宝会在妈妈的子宫里慢慢长大，大概在9个月之后，就足够大了。等到可以出生时，宝宝便会离开妈妈的子宫，从阴道里出来。你就是这样来到这个世界上的。

你可以一口气讲完，也可以讲一段停一段，观察孩子的反应，看他是否有其他的疑惑。

比如，孩子可能会问："他们要脱衣服吗？"你就如实回答："一般情况下，他们都是会脱衣服的。"

比如，如果孩子忘记精子来自哪里，你就要跟他复习一下人体的生殖器官的相关知识，告诉他睾丸产生精子。

关于宝宝出生的方式，你也可以补充说：

> 有的时候出于各种原因，比如宝宝长得太大了，或者妈妈身体不好没有办法自己生产，医生就会考虑在妈妈的肚子上开一个小口子，从子宫里直接把宝宝抱出来。

如果孩子问到出生时的具体情境，你还可以进行更详细的解释：

> 宝宝在大概出生前一两个月就会做好准备，头开始冲着阴道口的位置。宝宝出生时头部是最先出来的，因为宝宝的身体中头部是最大的，只要头出来，妈妈基本就可以顺利生产了。

这个时候，你可以用你的拳头来比喻宝宝的头部，简单示范宝宝的出生过程。

你如果担心孩子会过早去尝试，就还可以讲清楚，小孩子要等长大之后才能做这件事情。比如，你可以说："生宝宝这件事情，得等你长大结婚或者成人之后才可以做。"

关于性交行为，你也可以补充一些信息，让孩子知道性爱不仅仅是为了生孩子。比如，你可以说：

> 男人的阴茎在女人的阴道里摩擦时，叫作做爱。大人就算不生宝宝，也会做爱。彼此相爱的两个大人在一起做爱，是因为感觉很好，那是成年人互相表达爱的一种方式。

你可能会担心，万一孩子跟别人讲了这些内容，以至他成为学校里那个掌握了性知识的名人而被其他家长责问。但我觉得你不用太焦虑，也无须抱歉。你可以跟他们说：“孩子们了解的是科学的性知识，这总比他们道听途说或者没有任何准备时在网上刷到色情信息好太多。我只是老实地把自然的生命过程告诉了孩子。”

当然，你也可以跟孩子交代一下：因为文化的关系，有的家庭并不愿意教给自己的孩子关于生命来源的知识，他不一定要去把这个知识告诉所有人，而可以自己看情况来选择谈论这个话题的场合——这是高情商的表现。

如果孩子从来不问这个问题，你需要做的事情

如果你的孩子从来不问这个问题，那可能有好多种原因。可能孩子就是对这方面的话题不感兴趣，也有可能是孩子其实已经通过同学、伙伴或者网络了解得比你还清楚，更有可能是孩子因为在家庭里感受到对性的禁忌而不知道怎么开口向你提问。这种情况下，你要主动做一些事情，营造可以帮助孩子

学习性知识的氛围和环境，让他的性知识能够跟上他的性发展年龄。

比如，你可以买一些相关的书籍或者绘本，邀请他一起来读，然后慢慢展开谈话。你也可以找一些关于生命来源的视频，邀请他一起来看宇宙中各种各样的生命的诞生过程，最后讨论到人类，包括他自己的出生过程。

你只要带着性教育意识，把这个话题放在心里，就会在生活里找到很多可教时机和孩子讨论。偶遇孕妇朋友、看到动物交配、恰逢弟弟或妹妹的出生等，此时都是开启这个话题的好时机。

小知识

力比多理论：精神分析心理学中非常重要的概念。弗洛伊德认为，性是躯体和心理的交汇之地，介于身体和精神之间；快感是驱动人类的力量，性快感带来的快乐正是人类孜孜不倦的追求，是性本能。这是性的驱力理论。

第16章

孩子之间的“性游戏”升级了，怎么处理才更合理？

孩子进入小学后，很多家长发现，之前他们在幼儿园很热衷的各类涉及性器官接触的性游戏似乎消失了，终于长舒了一口气。事实上，这类游戏并没有消失，只是这个年纪的他们更懂得隐藏而已。因为对性有了更多的感受，所以他们会刻意避免游戏被外人发现，而这也使他们玩起来有更强的刺激感。

除了这类性器官接触的游戏，对这个年纪的孩子来说，还有一类游戏比较普遍，那就是相互扒裤子。他们会趁对方不注意的时候扒对方的裤子，直到露出内裤。男孩子们在学校超级爱玩这类群体游戏。还有的兄妹或姐弟之间会玩身体触摸或亲吻的游戏，父母因此很焦虑，不知道该如何阻止。

这么大的孩子玩性游戏正常吗？

你如果一直跟进孩子的性发展，那大概已经知道性游戏在孩子的性发展过程中是相当普遍的。孩子在成长过程中，通过性游戏把自己吸收的对性的理解与好奇呈现出来。当伙伴来家里过夜，或者兄弟姐妹在一起时，他们会在某个时刻突然有了看或摸生殖器官的兴致；而且性游戏不一定是异性之间进行，甚至同性之间也会玩得很开心。

我们会担心和焦虑的原因，一方面是不理解孩子为什么这样做，另一方面是担心孩子这样做会不会对现在或未来有不好的影响，甚至是伤害到他们自己。

大部分家长的困惑是：这样的性游戏正常吗？该不该禁止孩子玩这种游戏呢？如果放任不管，会不会造成伤害？其实你回想自己的经历，大概也会想起一两个自己小时候跟伙伴玩过的被大人呵斥羞羞脸的游戏。如果不是曾被大人呵斥，说不定你还想不起来。如果你遭受过父母的严厉责骂，甚至因此经历过肢体的暴力，那这段经历对你来说一定不堪回首。而如果当时的你，有些许的不愿意，甚至是被迫卷入到这个游戏当中的，那你在回忆时升起的情绪，除了羞耻，还会有愤怒。也有的人在回忆时，除了愉悦开心，也没什么特别的感受，因此就很能够理解自己的孩子玩性游戏。这些都是我在线下的家长性教育工作坊中看到的很多家长的反应。

性游戏构成伤害的重要影响因素

所以，性游戏是否会对未来的性体验产生影响，取决于两个重要的影响因素：第一是是否被迫参与；第二是当时情境下，发现者尤其是家长对孩子的回应。

那么，如何判断游戏中是否有强迫的成分呢？

第一个判断的依据是孩子们的年龄。如果这几个孩子的心智和年龄都处于同一水平，而且平时这几个孩子之间的力量关系也是平均的，那被强迫的可能性就会小很多。如果孩子的年龄差很大，比如相隔3岁及以上，就要考虑因为知识和经验的不对等，很可能存在年幼的孩子被胁迫卷入游戏的情况。年纪较大的孩子会利用威胁、强迫或诱骗等手段来让较小的孩子参加，这就会导致年幼的孩子需要面对自己不想玩或无法理解的游戏。承受巨大压力而勉强参与的孩子会有被欺负、击败，甚至侵犯的感受。如果孩子将这些感受与性行为联系起来，就可能会妨碍性发育的健康发展。最极端的情况是，如果年纪大的孩子用肢体压迫或言语操控年幼的孩子参加，性游戏就变成了性虐待，会给孩子带来很大的心理伤害。

第二个判断依据是游戏的细节。想了解游戏的细节，重要的是游戏结束之后，你要和孩子进行亲子对话。你如何做出反应，以及如何开场谈论这个事情，会影响孩子对性的羞耻感受（强化或弱化作用），也会决定你是否能够完整知道游戏过程的全部细节。孩子一旦受到你的严厉指责，就会不敢将发生的事情和真实的感受告诉你。他只会恨不得早点结束跟你的对话，而这将使得原本无伤大雅的事情被永远地蒙上羞辱的阴影。如果你想让孩子放下戒备，并准备跟孩子谈一谈这件事情，就切记在谈话时不要羞辱或责骂孩子。等到游戏结束之后，在私底下，你先让孩子松一口气，即告诉他，你并没有生气，他也没有做错什么；然后向孩子表明你想对今天的游戏了解更多，以确保这个游戏对他们没有伤害。

如何评估性游戏是否正常？

当孩子开始放松地跟你讲述事情的发展经过时，一方面你要引导他描述这次游戏的经验感受，另一方面你要在心里迅速地对这个游戏进行评估。评估的重点内容包括几个方面。第一，观察孩子跟你描述游戏过程时的状态：他看起来是好奇的、快乐的，还是恼怒且具有侵犯性的，或者恐惧害怕的。第二，确认游戏的具体细节：游戏是谁先提议的，孩子是不是自愿参加，游戏过程中身体的接触程度，性器官的接触状态和玩法是否公平。（公平的意思是说，你可以看或者摸我的生殖器，我也可以看或摸你的生殖器。）第三，亲口询问孩子对游戏的看法，如果他表示玩得很开心，那你可以表示支持。你要让他明白：你不希望他跟不同年纪的孩子玩；他只在想玩的时候才玩，不想的话就要拒绝参加；不要强迫不想玩的孩子加入游戏。

在这个过程中，你可以迅速检视孩子有无被迫或者强迫别人的迹象，以及弄清楚孩子或者其他的孩子参加时是否自愿。如果一切都是在自然的探索范围之内，那你要做的是让自己理解玩性游戏在孩子性发展过程中存在的普遍性。

成年人要真正理解“性欲是极其自然的，性本身是无邪的”不是一件很容易的事情。因为我们长这么大，深受我们的文化和教育对性的态度的影响。我们要做的就是尽量重新去学习，理解性发育的概念。慢慢地，你就能明白：对于孩子的性欲，家长能给的就是默许，同时也要让他有探索隐私和表达的空间，从而让他找到自己的性欲和爱的能力；家长不能任由自己的限制和冲动来限制孩子的性自我的发展。

如果性游戏涉及侵犯，该怎么办？

你如果在检视的过程中发现孩子的游戏中涉及口交、肛交或阴道性交，那要非常警惕。如果是你的孩子主动提出这个游戏的，那么要思考他是从哪里获得这个信息的？他是否有你并不知道的性虐待或性侵犯经历？他是无意中从成年人谈话中知道的，还是在模仿超出他认知的视频或电影中的情景？涉及这些信息的核实和沟通会让你对你的孩子的性发展和可接触的性信息环境有全面的了解，并让你开始考虑是否需要做出一些调整。

比如，考虑是否对孩子做出规定——以后带同学或朋友来家里玩，只可以在客厅里或者书房，并且房门需要打开；是否需要加强对这个年龄段的孩子的性教育，以及对性隐私与性安全的意识；是否要对孩子可接触的网络信息进行有方向的管控，并与其进行及时的沟通。如果孩子之前有你所不知道的性接触或被侵犯的经历，那你需要考虑是否寻求专业人士的评估和帮助。如果是别人家的孩子提出这些游戏内容的，那你还要考虑是否要跟他的家长沟通。

通常来说，在游戏中，无论是他人的孩子具有侵犯性，还是你的孩子具有侵犯性，你都应该考虑跟对方家长沟通。这个沟通会很棘手，因为家长们都担心自己的孩子会被贴上“好色”或者“不正常”的标签，而且搞不好简单的一个事情会被越闹越大。所以，比较好的做法就是，当你发现孩子在玩性游戏时，就尽快给对方家长打电话。你只需要解释你看到了什么，以及你是如何回应处理的。你只要简单地把你对性游戏的认知告诉对方，并表达你的想法就可以了。如果他们觉得你很坦诚，而且很正视这件事情，你就不用太担心。如果对方家长对这件事情的反应非常负面，那么你要好好跟孩子讨论，免得你的孩子受到负面意见的伤害。如果对方家长的反应状态超出了你能应付的范畴，那你也只好考虑让两个孩子暂时先不要在一起玩了。你的首要任务是保护自己的孩子不要受到没来由的责骂或者批评。

你如果检视到游戏过程中涉及强迫的情况，那么要告诉孩子："朋友之间不应该这个样子，他不可以逼你做你不想做的事情。"你也可以跟孩子一起讨论，类似的事情再发生的时候，他可以怎么应对——他可以拒绝、举报对方的胡作非为，或者什么都不说，离开现场就是了。你也要告诉孩子，这些方法不一定完全管用，但事情发生后一定记得告诉你，你会帮他处理。

如果孩子在性游戏中是被迫的，那你还需要考虑是否限制两个孩子之间的交往。这需要你综合判断并考量孩子之间关系的品质和事件的本质，思考强行分开孩子给孩子造成的压力是否会带来更大的负面影响。有的时候只要加强监督就可以更好地帮助孩子。

如果你很疑惑这样的游戏什么时候会停止，那我能告诉你的是，大概到孩子不再觉得那是游戏之后。我们通常会以青春期为判断界限，等孩子跨入青春期后，性游戏就不再是游戏，而是有目的的性接触了。

群体嬉笑打闹的性游戏

还有一种性游戏经常会在学校发生，尤其是在男孩子之间。他们以暴露对方的隐私为乐，相互触摸生殖器，或者扒对方的裤子，然后哈哈大笑。处理这种状况时，仍然要看见孩子在性发展过程中的好奇心，同样关注其中是否存在强迫或欺凌现象。

你可以先跟老师详细了解具体的情况，跟老师一起讨论合适的处理方法。如果学校表示这只是孩子之间的小打小闹，并不考虑介入处理，但你的孩子又深受困扰，那你也可以考虑自己介入。

无论是学校老师处理还是你自己来处理，你都可以做的是，把平时一起游戏的孩子召集到一起，开一个小团体会议。先跟大家声明自己不是来追究责任，而是来了解情况的，以确保每个人在这个游戏中都很愉快。你可以先从让每个人谈自己是否喜欢这个游戏开始。

这样的群体游戏中通常会有一两个孩子是不情愿但又被迫参加的。你可以询问他们为什么不表达拒绝的意愿，以及是否知道怎样表达拒绝。你甚至可以让孩子在团体中练习拒绝，如看着扒他裤子的小伙伴的眼睛，大声说："我不喜欢这样做，你不要再扒我裤子了。"同时你也要跟主动扒别人裤子的孩子解释，要理解别人的感受，尊重别人的意愿，否则就会伤害到别人。最后呢，你可以趁机补上一堂关于身体的隐私部位、尊重、性的界限的性教育课程。

在我儿子三年级的时候，班上的男孩子们喜欢玩突袭别人以脱别人裤子的游戏。刚开始我并不知道，是一位同学的妈妈私下跟我聊天说，他儿子因为在学校被班上男孩子们脱裤子而感到很苦恼，不知道怎么办。

等我儿子晚上回到家，我询问了解了更多细节。他们很多人只是觉得很好玩，因为彼此互相脱，所以也不觉得是欺负别人。我听了之后大概心里有底了。

于是在周末，我就邀请了所有参与游戏的孩子来我家里聚会，孩子们玩得很开心。我趁机加入他们，推心置腹地跟他们聊天，假装随口聊起了这个脱裤子游戏，然后问了五个问题：

1. 你们是怎么玩这个游戏的？

2. 脱别人裤子时，喜欢还是不喜欢？原因是什么？

3. 被别人脱裤子时，喜欢还是不喜欢？原因是什么？

4. 如果不喜欢这个游戏，那有没有表达过自己的想法？

5. 好朋友之间可以做哪些事情？

这五个问题问下来，孩子们基本上能明白自己在干什么，自己的感受是什么，别人的感受是什么了。最后我们做了一个总结：脱别人裤子会让别人不舒服，会暴露别人的隐私。

有的小朋友说没有脱内裤，就没有暴露隐私，但很快其他人就反驳说，也是有可能暴露的，而且大家都不喜欢这种行为，因此下次不玩了。被别人脱裤子时，自己感觉很不好，即使是好朋友，也可以告诉他“我不舒服”。

然后我建议每个小朋友找一个对象，看着对方的眼睛说：“我不喜欢你扒我的裤子。”另一个回答：“我下次不会这样做了。”同时，每个小朋友找一个对象道歉，看着对方眼睛说：“对不起，下次我不会再扒你的裤子了。”

在这个过程中，我也看见了他们对身体隐私部位的好奇，所以就趁热打铁给他们上了一堂关于身体与性的课。

通常来说，经过这样的干预之后，那些不想玩的孩子下次就能退出这个游戏了。其他的孩子也会慢慢觉得没什么意思，游戏也就终止了。

性游戏的处理很多时候是一种人际关系的处理，你要看见孩子对人际关系的需求。有的时候为了能够融入群体当中，孩子自己是愿意忍受一点强迫感的。只要他可以跟你讲出来，并且没有觉得特别不舒服，你就不需要暗示或者认定孩子受到了欺负或者伤害，从而去找别人理论。这样的冲动处理反而会给孩子带来伤害，他以后就不会再跟你分享这些事情了。

小知识

性骚扰的定义：中国对“性骚扰”行为的界定散见于法律法规。如《中华人民共和国宪法》第三十八条规定，中华人民共和国公民的人格尊严不受侵犯。禁止用任何方法对公民进行侮辱、诽谤和诬告陷害。《中华人民共和国民法典》第一百零九条、第一百一十条、第一百七十九条和第九百九十五条规定：自然人的人身自由、人格尊严受法律保护。自然人享有生命权、身体权、健康权、姓名权、肖像权、名誉权、隐私权、婚姻自主权等权利。人格权受到侵害的，受害人有权依照民法典和其他法律的规定请求行为人停止侵害，消除影响、恢复名誉，赔礼道歉，赔偿损失。

性骚扰泛指以带有性暗示的言语或动作针对被骚扰对象，引起对方不悦或被冒犯等不良感受的行为。性骚扰表现形式尚无统一界定，在很多国家，性骚扰是一种不法的行为。性骚扰并不是只针对女性的狭义性骚扰，而是针对不分年龄大小和性别的所有人群的广义性骚扰。

第17章

孩子真的在自慰，应该强行制止吗？

对于家有会自慰的孩子的家长来说，到了7～12岁这个年龄，你会逐渐看不到他们自慰了。看不见他们自慰，不代表他们不会自慰。与其说他们更懂得克制，不如说他们更懂得隐蔽。所以经常会发生的情况是，哪天你忘记敲门而直接推开孩子的房间门时，撞见其正在满头大汗地摩擦自己的阴茎或阴部。此刻，你说不尴尬那肯定是骗人的。

即使你明知自慰是正常的，也能大方地承认自己会自慰，可是要打破难堪，开口讲点什么也不是很容易的事情。更不用说，大多数人连说“自慰”这两个字都会觉得尴尬。回想你自己的成长经历，你的父母能跟你坦然讨论自慰吗？从你开始摸自己的阴部或阴茎开始，他们就在将这种尴尬传递给你。

所以，你自己面对自慰就很不安，而现在在面前自慰的又是你的孩子，即使你想接受孩子会自慰的事实，但也肯定不会想看见孩子自慰这个行为。你的不自在都写在你的脸上，刻在你的声音里。所以，你要问问自己：我怎样才能表现得不尴尬？怎样才能不把对自慰的不安传给我的孩子？

了解自慰

第一步，就是去了解自慰。自慰是通过刺激自己的生殖器以获得快感的一种自体性行为，而自体性行为是说性活动仅涉及自己。从人类性欲的发展过程来说，自慰是人类性欲初开时最早的表达方式，是很普遍的一种现象。你要知道的是，性欲本身就是孩子在多年的发育期间慢慢累积出来的。

你如果有观察婴幼儿的经验，就会发现很多婴幼儿在出生后不久就会因为偶然发现的刺激生殖器官可以获得快感而重复地做这件事情。这是一件令人很快乐的事情，如同吃手一样。由于没有成人的干预，这个年纪的孩子在自慰时很少会感到困窘和焦虑。

大概从小学开始，儿童自摸生殖器就会变得越来越有目的性。自慰是他们主动选择的一个活动，而不像6岁之前那样是无意识的行为。而且他们懂的技巧也多了，过不了多久，他们就会体验到高潮是什么感觉。你大概可以放心，因为这个年纪的孩子会自慰是非常普遍的事情，自慰是性发展过程中常见的性行为。

什么是问题性自慰行为

第二步，评估判断孩子的自慰行为表现是不是问题性行为。正常性行为与问题性行为的区别在于两个因素，即程度和行为情境。如果孩子的自慰行为持续发生在具有干扰性、强迫性的环境中，或者孩子表现出发展上的异常，或者是过于频繁，那你可能要警觉，这个行为背后可能有更大的问题需要处理。更直观的判断是，孩子的某种自慰行为持续了6个月以上，而且孩子沉迷于此，注意力也不能通过其他兴趣活动得到转移，已经严重影响了学习或者生活。

比如，如果孩子频繁在公开场合抚摸自己或他人的隐私部位，你多次讲规则仍然没有效果，或者孩子似乎对性行为知道得太多，超出了他这个年纪的认知，那么你就需要加以留意，他是否在用这个行为向你表达什么心理诉求。

我也经常会接收到一些家长的咨询，我通常会让他们去做观察评估记录。记录的内容包括：孩子的行为持续了多久，一天多少次，都在什么时候发生，注意力是否可以通过其他的兴趣爱好活动（比如户外运动，幼儿园的集体活动等）转移，你在跟他讲自慰规则的时候他是什么样的表现，等等。这样的观察和评估持续记录一周到一个月后，你会发现孩子的行为曲线和情绪状况，以及一些你之前没有留意的事情。

如果是生活的变化引发了问题，比如搬家、换幼儿园、生二胎了，那么要调整的是环境的舒适度，以及把更多的关注给孩子；如果是孩子太空虚无聊，那就考虑增加户外活动和玩具架上的玩具种类，充实孩子的生活；如果是孩子受过不当的刺激，比如有疑似的性虐待或者性伤害，或者孩子撞见父母做爱却没有得到解释，或者家长对孩子幼儿时期触摸生殖器行为做的不当干预带来的情绪伤害，就要考虑寻找专业人士的帮助。

如果你孩子的自慰行为表现并不属于问题性行为，但你对孩子的自慰还是很焦虑，那么，先冷静一下，想想你真正的焦虑或困扰是什么。

很多时候，是因为你自己没有处理好有关性的问题，你对自慰的感受受到过去经验的困扰，或者你对自慰一直有“这是不好的”的偏见。这个部分是父母自己要处理的问题。整理自己的性经验，厘清自己的性价值观，不把自己的恐惧和羞耻投射给孩子，是性教育的基础。

比如，有一位爸爸向我咨询说，他一看见8岁的女儿把手放在阴部就开始紧张，所以告诉孩子说手上有细菌，摸了会生病。这样的教导只是增加了女儿的恐惧而已，而触摸生殖器带来的愉悦感仍然会让她持续这个行为，这就使孩子产生了内在的冲突。因此孩子的表现就是睡着了手还放在外阴的位置。于是这位爸爸更加不能接受，这个孩子竟然在睡着时还要摸。

这样的情况下，你觉得需要引导孩子吗？当然不是，需要引导的是大人。

另一种情况是，家长跟孩子沟通的时候，因为各种原因，沟通并没有产生效果。举一个例子，有一位妈妈说，她的儿子7岁了，当他4岁的时候就会在睡觉时趴着磨蹭，当时告诫过他不要在大庭广众之下做这个事情。现在他在坐凳子时也会磨蹭抖动，最近老师告诉她孩子在课堂上也做这个事情，次数有点多。老师观察了半个月，觉得不妥才告知父母。她想问的是，应该如何去引导孩子，让他明白不可以在课堂上做这样的行为，或者需要做些什么才能够让孩子把做这个行为的频率降下来。

从这位妈妈的问题中，你可以听出她的担心是孩子会在课堂这个公开场合自慰以及自慰的频率太高。但我其实更关心的是，孩子从4岁开始就被妈妈教导不要在公开场合自慰，但他仍然会这样做的背后的原因是什么。我的猜测是，这位妈妈在跟孩子讲“不要在大庭广众之下做这件事情”时并不是自然平静的。

很多父母在谈到与性有关的事情时总是草草带过，简明扼要地讲不该做什么，匆忙讲完要求和底线，然后长舒一口气，心里安慰自己：“我终于跟我的孩子谈性了。”这位妈妈的孩子在4岁半的时候，只是睡觉时趴着磨蹭，还没有出现过在公众场合自慰这个行为，而她就这么急急忙忙告诫孩子不要在大庭广众之下做这件事情的行为过于草率。

家长为什么会对此感到紧张？

我们学习了一些知识和概念，了解了哪些行为是好的，哪些行为是不好的。我们知道要接纳孩子自慰这个行为，也从专家那里知道要告诉孩子有关卫生、安全和隐私的知识；但是我们没有看见孩子的内心，也没有停下来细细感受自己的内心。看见孩子在自慰时的尴尬和羞耻淹没了我们的理智，让我们不自觉地就强化了这件事情带来的影响。

所以，在孩子自慰这件事情上，我会建议你先不要着急去对孩子的行为做出回应，而是先停下来，观察孩子，问问自己：我真的接纳了自慰吗？我自己会自慰吗？如果听别人谈起自慰，我会有什么样的情绪和感受？谈起性，我最先感受到的情绪是什么？然后你再真正地去了解和倾听你的孩子。

孩子的这个行为是偶发的还是已经出现过很多次？他的模仿可能来自哪里？他在表达什么？是对性的好奇、探索，还是心理压力或者焦虑？孩子对性的感知是怎样的？我这样介入处理是否会强化他对性的认知（无论是正面还是负面的）？孩子最近在课堂公开自慰，缘起是什么？孩子想吸引谁的注意？他自慰的次数有点多，多到什么程度？最近孩子的学习和生活中有什么特别的事情发生吗？把这些都了解清楚之后，你自然就会找到介入处理的合适方式。

家长在对自慰的孩子做出回应时，要记住两个要点

第一是千万不要对孩子的自慰行为做出负面的回应。找到你自己能够做到的方式，引导孩子自然接纳自己的快感，享受自己的身体。你要留意自己向孩子传递的关于自慰的态度或者价值观念是什么样的。如果自己对自慰感到焦虑和抗拒，那先安顿自己的情绪，厘清自己的感受，等心情平复了再回应孩子。无论你自己能不能接受自慰，都要让你的孩子知道，自慰不会造成身体和精神上的伤害。

第二是与家庭其他行为一样，帮助孩子理解自慰也是要遵守社会规则的。你要让孩子知道并记住，哪些行为是适当的，什么情境下是合适的，遵守社会对性的要求可以保护自己。不过，如果你的孩子从来不自慰，也没什么好担心的。对这个年纪的孩子来说，生活中吸引他的事情太多了，性快感在他看来并不是很让人感兴趣的也是有可能的。对性知识的不断学习和对性发展和儿童心理发展的逐渐了解，除了能够解决亲子关系中令人尴尬的性问题和帮助孩子获得健康的性心理，还会让你更了解自己的性、爱和人生。

小知识

身体自主权：性建构一个人的核心维度，与权利相关。一个人掌握的权利，体现在其对自己身体的掌控上。因此身体自主权是性教育的核心内容。

第18章

发现孩子有很多色情制品，后续怎么处理？

网络性教育老师

对于我们这一代，电视剧、电影、小说、色情书刊，以及光盘里的色情片是比较有可能接触到的重要的“性教育老师”；那对于我们的下一代，手机和电脑上随手可得的关于性的各类资讯、动画片、电视、电影、小视频、图片等都是他们比较有可能接触到的重要的“性教育老师”。

这些资讯通过刺激的画面或生动的情节故事来告诉孩子怎样做男人和女人，两性怎么相处，朦胧的性吸引力是什么，什么是性，什么是性魅力，什么是性行为，如何看待女性，等等。

这些教导很多都是碎片化的、负面的，断章取义，低俗暴力，忽略了爱和性的关系。其中几乎很少有负责任的性行为，很难提供正确的性知识。

而对于6岁以上的孩子来说，除了上学和参与家庭活动，他们还有很多的精力无处释放，而电视、网络游戏或视频此时就会成为他们打发时间的重要出口。如果你的孩子也是这样，那么你要考虑如何处理这些媒体信息，以求对孩子的性发展产生积极的影响。对于孩子来说，他们很容易模仿小视频、电视或电影中的角色，吸收剧情中关于性的价值观。

确定家庭电子产品的使用规则

第一，你要和孩子制定关于电子产品或电视的使用规则

限制孩子花在电子产品或电视上的时间，同时你要跟孩子讲明白，制定规则的出发点不是控制，而是为了帮助他学会管理时间。时间是怎么分配的，自己心里要清楚。除了玩游戏和看视频，他们在这个年纪的主要任务是学习，以发展健康的身体和心理。

这个意图设定很重要，会让孩子对规则有更深的理解，也会让他更加愿意去执行。在设定规则时，要遵循商量的原则——你自己的期望是什么，孩子的期望是什么，两个人各自讲出自

己的理由，最后相互妥协约定一个目标时间。

第二，跟孩子说明，他如果要下载新的游戏，或者看新的电视内容，要先跟你讲一下

你也要先跟他讲明白你的意图不是监控他，而是因为现在网络上的信息都很复杂，很多信息对他来说是有害的，包括一些游戏也是专门为成年人设计的，不适合他玩。这些都是事实，你可以诚恳地跟孩子沟通，孩子会理解和接受的。

我儿子7岁时，我就是这样和他沟通的，他一直很接受。碰到不确定的信息，他就会跟我沟通，比如询问这个视频他可不可以看或者这个游戏适不适合他玩。我也曾经接过一个妈妈的咨询，她说：她6岁半的儿子在看到《星球大战》中有些暴露的镜头——如一个女生只挡住隐私部位——后，跟她说，晚上自己要想着这些镜头才能睡着。

实际上，对这个年龄段的孩子来说，父母确实有必要确认他所接触的媒体资讯是否超出他的认知和心理可以承受的程度。国外的电影实行分级制，尤其对涉及暴力和色情的电影或电视进行分级，这是非常有道理的，是在保护孩子。6岁多的孩子的性生理发展和性心理发展还处在自然地好奇、探索和吸收阶段。对自己的身体和性欲的探索，对他人身体的好奇，也就是性的发展，都是在自然之性的基础上开始接受外界（父母、媒体、文化、教育）的影响的。

因此，作为父母，你要评估你的孩子所能接触到的性资讯是否会给孩子带来过度刺激。过度刺激是说，孩子无论是在认知上还是心理上，并没有准备好理解消化这个内容，于是这些资讯会给孩子留下一个过度兴奋或过度厌恶的刺激印记。如果父母不处理这个印记，这个印记就会给孩子带来比较大的影响。

第三，跟孩子制定规则的时候，除了商量时间，也要说明不可以把电脑或电视放在孩子的房间

即便是拿手机看视频或玩游戏，孩子也要在你可以看得到的空间。

这个年龄段的孩子最需要的是陪伴，即使是玩游戏或看视频，如果父母能够跟他在同一个区域，那他的感觉也会是不一样的。电脑或电视和床不在一个空间，也可以帮助孩子获得更好的睡眠质量。当然一个重要的目的是，你可以知道孩子对规则的执行情况，即他会不会私底下去看没有跟你商量的内容，会不会超过时间。

特别要说一下的是，很多家长会悄悄查看孩子的网络浏览记录，由此来监管或推测孩子看了什么。这样的做法会损害亲子之间的信任，远不如直接将疑问放在桌面上跟孩子讨论，然后制定好规则并坚定地要求孩子执行。

第四，对于孩子长期热衷的游戏或电视节目，你可以做一些简单的了解和研究

此时也是你整理和审视自己的性价值观的好机会。哪些内容是与你的价值观一致并能呈现爱与性的关系的？哪些内容是超过你能接受的范围的？哪些内容是你希望孩子了解的？（比如关于身体意象的，关于对性的理解的，关于如何成为一个男人或如何成为一个女人的，关于情与爱的，关于亲密的，等等。）

你为什么会有这样的判断？这和你的个人经验有关系吗？和你成年后对性的学习有关吗？哪些是你认知的局限？哪些是你学习后的拓展？这些整理会帮助你弄清楚你对孩子所能接触的节目或视频的看法来自哪里，是不是真的会对孩子有好处。

当然，这些设限的做法并不是为了禁止孩子接触有关性的信息，而且也不能完全阻止孩子对色情制品的好奇探索。你的目标也不是阻止他的探索，而是帮助他培养筛选适合自己的性资讯的能力。

寻找机会和孩子谈性

在生活中，你还需要做一件很重要的事情，那就是寻找机会和孩子谈性。比如，如果你跟孩子一起看电视，剧中有一些亲吻的镜头或很亲密的举动，或者插入了一个有关避孕套的广告等，那你可以借此跟他谈论性。

你可以询问他对这个节目的看法、对亲吻的理解、对亲密接触的想法，你们可以聊聊避孕套，等等。这个过程你也不要吝啬分享你的看法、你的喜好，但不要嘲笑孩子的幼稚或不懂事，让孩子可以平等放松地与你交流。

如果突然出现实在是不适合孩子看的内容，比如性交场面，那你可以果断地关掉电视，并向孩子解释说明你为什么要那样做，那些内容为什么不适合小孩子看。当然，生活中，孩子不仅会在家里对色情制品产生好奇，在学校跟同学一起时也很有可能会接触很多你不知道的色情信息。努力做到真诚、轻松、尊重，慢慢你就能掌握跟孩子谈性的诀窍。

再比如，如果孩子跟你说，他已经看了一些视频，很兴奋，身体有反应，睡觉时总会想起那些镜头，那你也不要呵斥他，要跟他慢慢梳理：他想这些镜头的时候有什么感觉，是怎么想的。这个过程不要有评判，比如你怎么可以这样想，你这样太恶心了之类的。倾听、诠释是比较推荐的做法。

一方面你还要跟他聊聊，问他之前是否看过这样的视频，他对哪些内容特别好奇，当他好奇的时候会去做些什么。另一方面你也要迅速做一个评估，即孩子的性教育是否没有跟上他的性发展，如果确实没有，就要考虑把这部分的性教育补上。

比如，如果孩子对女性的生殖器官特别感兴趣，搜了很多有关生殖器官的图片或视频来看，成年人发现后就很容易呵斥他下流。这个行为背后实际上很可能是他对异性的身体感兴趣，而此时正是你给他补上有关身体和性器官科学的知识的时机。

最后你还可以跟他解释：看到这样的内容，很多人都会有特殊的感觉；但他还很小，不能完全理解自己的这种感觉也是很正常的。你也建议他下次不要看这类刺激的内容，这样的内容本来也是大人看的，等他大一些，有更强的接受能力时再来看，这样他才不会受到伤害。

关注孩子色情视频的来源

还有一种需要关注的情况是，如果孩子看的视频是你从来没有听说过的，那你还需要询问他是怎么知道这个视频的——是成年人推荐给他的，还是同学传给他的，或是他自己搜索到的。

如果是成年人推荐给他的，那你要立即有所警觉：这个成年人是谁，跟孩子的关系是什么，他为什么要分享这个色情信息给孩子，当时的情境具体是什么样的。这是在帮助孩子识别有没有潜在的性伤害风险。当然保持警觉不是说你要特别紧张，或者因为孩子不懂得识别而很生气；你要感谢他愿意告诉你，并告诉他你会陪着他健康长大。

如果是同学传给他的，也要跟孩子了解下当时具体的情境——他只是出于好奇而跟着看，还是迫于同伴压力才看的——并继续谈论这些好奇或压力。如果是压力，他可以用哪些方法来缓解自己的情绪？如果他下次想拒绝，可以用哪些既能清楚说明想法又不会让自己失去关系的表达？

如果是孩子自己搜索到的，那你也要和他一起评估这些网站的安全，一起讨论可能存在的陷阱或风险，比如电脑病毒、网络诈骗、账户安全等等。

总之，对这个年纪的孩子来说，关键是培养他对时间的管理能力、对信息的筛选能力、对由色情信息带来的情绪上的自我理解和自我照顾的能力；同时看见他对色情制品好奇的背后所隐藏的性教育的需要，及时跟进他的性发展状况。

小知识

（1）情色作品：指题材露骨煽情，评价正面的作品。情色作品往往包含人物关系、尊重、情感与权利平衡等，甚至可能被视为有艺术价值。

（2）色情作品：指题材露骨煽情，评价负面的作品，其内容可能是与性有关的，并能引起观看者的性兴奋。

第19章

孩子问避孕套是什么，该怎么回答？

你带七八岁的孩子去超市，或者出去旅游住酒店，看见花花绿绿的避孕套盒子，他经常会好奇地询问你这是什么。有的时候在公园玩耍，或者在海边晒太阳，或者走在大街上，看见废弃的避孕套，他可能会捡起来，询问你他发现的这个东西是什么。很多父母瞬间尴尬，不知该如何回应。这是很常见的事情。

有关避孕套的问题经常会让父母们觉得尴尬。一方面是因为避孕套总是跟性交行为联系在一起，而性交行为大概是性教育中最让人觉得羞耻且难以启齿的事情了。另一方面可能是因为许多家长从小就接受了有关避孕套的负面信息，认为避孕套是给有传染病的人用的，是不正经的人才需要的，是肮脏的。也有很多家长是因为缺乏语言表达能力而惊慌，无法很好地组织语言，完整地把有关避孕套的知识和功能作用述说出来。

如果你也有这样的感受，那我建议你在向孩子教授有关避孕套的知识时，先做一个整理，以确保自己可以从积极的角度跟孩子解释这个事情。

回答孩子问题时的要点

在组织语言回答孩子关于避孕套的问题时，涉及的要点包括：避孕套的材质构成，避孕套的功能，为什么人们要用避孕套，避孕套的用法，废弃的避孕套的危害，等等。

如果你的孩子突然问起你，你大概需要在大脑里想起以下几个关键点。

1. 常见的避孕套都是天然乳胶的。

2. 避孕套的功能主要有两个，即避免怀孕和避免感染性病。

3. 使用对象是男性，套在男性的阴茎上。

4. 废弃的避孕套可能会携带病菌，不能随便去捡。

情境问答示范

带着这些关键点，下面我就以一个具体的例子来示范如何回答这个问题。

有一天，你9岁的儿子和小朋友在户外玩耍，他们很快就面红耳赤地跑回家来到了你面前。儿子举着一个废弃的避孕套，大声地问你："妈妈，你说这到底是不是一只气球？"

这个时候，你可以深深地吸一口气，淡定地说："不是，这是一个废弃的避孕套。"孩子们估计会瞪大眼睛等着你继续往下说。你就继续说："这个是废弃的避孕套。我们先把它扔了，它上面有很多的细菌。"

然后你可以进屋从你的抽屉里拿出一个新的避孕套，告诉孩子说："你看，全新的避孕套是干净卫生的。"此刻孩子们一定会屏住呼吸看着你。你继续撕开包装盒，给孩子看全新的避孕套是什么样子的，"它们是用和医用手套一样的橡胶（乳胶）制成的"。然后呢，你就把避孕套套在两根手指上，接着说："当两个成年人非常相爱时，也会非常乐意做爱。"

这个时候，你也可以停下来，看看孩子们的表情和反应。如果孩子们一脸困惑，你大概就可以知道他们还不知道做爱是什么意思。那你大概要先把性交行为的概念补上。

你可以先从宝宝从哪里来开始问起。"你们都知道宝宝是怎么来的吗？"这个年龄的孩子一般都知道生命的来源，等他们明白是怎么回事的时候，通常都会发出哄笑声和"噢噢"的叫声。

如果他们还是不明白，你就简单给他们概括一下："爸爸的精子和妈妈的卵子结合成受精卵，受精卵发育成宝宝。要使爸爸的精子进入妈妈的身体里跟妈妈的卵子结合，就需要爸爸把阴茎放到妈妈的阴道里，这个过程就叫作做爱。”不要就这个问题讲太多，以防止跑题。

通常这样一说，这个年纪的孩子是能够立即明白的。如果你仍然担心，就考虑改天再把这个性教育知识点教给他们。等你确定孩子知道做爱是怎么回事时，就趁机说：“如果你们发现父母在做爱，那说明他们很相爱。”

这样简单的说明，会让孩子们很开心。因为大多数孩子虽然知道他们的父母有性行为，但从来没听到过这样积极的评价。而且，这种说法也符合他们内心的期待，孩子们都乐意知道父母相爱，家庭稳定。

不过，有时爱思考的孩子会插嘴问你：“生完孩子之后，他们还会这样做吗？”这个时候你要知道，在此之前，大部分的孩子都以为进行性行为只是为了生孩子。因此，你要非常肯定地说：“是的，生完孩子之后他们还会这样做。”有的孩子会继续问：“那有什么意思呢？”因为他们并不知道性行为会带来愉悦和亲密的爱的感觉。

你可以如实地告诉他：“因为做爱会带给人愉悦的感觉，就像你用手摸自己的生殖器会感觉很舒服一样。”这个时候，你会看见孩子们都是一副恍然大悟的样子。你就继续接着说：“可是，尽管父母可能会一直做爱，直到去世，但他们也许不想有一堆小宝宝。”

这时，孩子们会发出同意和理解的呼声。

所以，男人把避孕套套在阴茎上，当他的阴茎进入女性的阴道射出精液时，精液全部会留在避孕套里，不会进入她的身体，使她怀孕。

这个时候，你基本上就把避孕套的第一个功能讲完了。孩子们也会轻松起来。你可以停下来问问他们还有没有什么问题。如果没有，你就继续说：

男人的精液不进入女性的身体的另一个好处是，如果这个男人有传染病，比如艾滋病或者其他跟性有关的疾病，那这个病菌也不会进入女人的身体里。这样使用避孕套就可以避免感染和传播性传染疾病。同样，如果这个女人有性传染病，那么这个病菌也不能进入到男人的身体里。这样就保证了健康的那个人不会被感染。

这个时候，孩子们基本上就已经明白了避孕套的两个重要功能，不过不要忘记把另外一点也告诉孩子，那就是不要随便去捡地上废弃的避孕套。你可以说：

避孕套用完后都会被丢到垃圾桶里，但有时候会从垃圾桶里掉出来，你们会在小区、公园或海滩上看到这种像是气球的东西，但不要去把它们捡起来。因为废弃的避孕套可能有一些病毒，比如肝炎病毒，这种病毒可以在避孕套上存活很长的时间，所以你们如果捡起来玩吹气球或者把它做成水炸弹，就有可能会感染上病毒。把避孕套捡起来扔进垃圾桶，并不是你们的任务。

最后，你的总结再回到对避孕套的积极评述上来就可以了。

避孕套就像是卫生纸，刚被买回家的时候，它们是很干净的。避孕套可以阻止精子和卵子的结合，避免怀孕，同时也可以防止一个人把病菌传给另一个人。我们不会去捡一张被扔在外面的卫生纸，所以，我们也不要去捡避孕套。

当然，你不一定会遇到这个情境，而是有可能会遇到其他的情境。记得你要传达的这几个关键要点，再结合你们当下的现场情况，以及你和孩子的关系，你就可以组织出你自己的语言，很好地把有关避孕套的知识解释给孩子听。

总结注意事项

最后想说一下的是，在跟进这个话题的时候需要提醒的几个要点。

1. 解释避孕套时要关注孩子的年龄

这个年龄不仅指生理年龄，也包括心理年龄。心理年龄是说孩子的心智理解能力。

如果7岁以前的孩子问起，你只需要简单地回答：这是避孕套，是大人用的。如果孩子不继续发问，你就不用多加解释。如果他继续询问，你就问什么答什么。如果8～10岁的孩子问起来，你就可以考虑把我们课程中所讲的有关避孕套的要点告诉孩子。而孩子到了十来岁，当他看见了这些避孕套，即便你前面没有跟进孩子的性好奇，他大概也已经知道这个东西是比较隐私且不能随便讨论的东西，因此不再会向你提问了。但不是他不问，你就可以不用管了。对于10岁以上的孩子，你需要创造机会跟他解释避孕套是什么。而等孩子长到12岁以上，那你就需要找机会手把手教他怎么使用了。

2. 回应的过程中不要忘记询问孩子还有什么疑问

因为紧张和焦虑，我们很容易匆忙应付了事，从而忽略孩了欲言又止的表情。因此，我们在准备回应孩子的这个好奇之前，需要调匀呼吸，然后在大脑里回顾一遍现有的概念，迅速组合。不要担心自己讲得不周全，你会开口讲，就已经是非常大的进步了。你情绪平稳，会引出孩子心中现存的更多困惑，让对话展开，从而也能帮助孩子厘清之前的一些错误理解。坚持下去，你就会发现收获的不仅仅是性教育，还有你们逐渐亲近的亲子关系。

3. 关于避孕套的解释，可以多次进行

任何有关性话题的讨论，都可以在生活中多次重复进行。耐心倾听，在谈话过程中适当提供一些你整理过的性价值观，都是非常值得提倡的事情，但要注意避免进行长篇大论的说教。每个孩子从自己的经验中获得的对性的理解都是不一样的。父母在其中发挥的关键作用是引导孩子讲出他心中的困惑和问题，然后以科学中正的态度把事实告诉孩子，并进行合适的价值观引导。这样你的孩子就可以慢慢获得对性的完整理解，并整合出自己的性价值观。

小知识

（1）男用安全套：薄而柔软、有弹性的薄膜套，由乳胶、聚氨酯或加工动物组织制成，适用于男性勃起的阴茎，有助于防止精液传播。安全套可以阻断性感染疾病病原体的出入门户，达到预防感染的效果。

（2）女用安全套：薄而柔软、宽松的抛弃式聚氨酯囊袋，两端都有形似子宫帽的环形构造。使用时将安全套放在阴道内，防止精子进入。如果正确、持续地使用，女用安全套可降低包括 HIV 在内的许多病毒的感染风险。

第 20 章

怎么教孩子养成良好的生理卫生习惯？

现在获取网络资讯方便快捷，所以孩子可以轻松地从网络上获得各类信息，包括关于生殖器官的卫生清洁的信息。但一方面，网络信息参差不齐，色情视频、色情书刊、色情图片，以及涉及性的各类广告让人很难获得真正有用的信息；另一方面，日常卫生习惯的养成，还是要从孩童时代父母的示范或教育开始。7～12 岁这个年龄段正是培养生活好习惯的时候。我们先从女孩的生理卫生习惯开始讲起。

女孩的生理卫生以及清洁方法

对于女生来说，勤换内裤、勤清洗私处是基本的卫生要求。

但要让孩子知道的是，做得勤快不代表一定做得对，保持卫生的方式更为重要。

1. 清洗外阴，但不要随便清洗阴道

很多人会觉得阴道分泌物很脏，因此错误地以为日常私处清理是用水清洗阴道。实际上，健康状态下的阴道分泌物是很干净的，大部分是透明或乳白色或轻微偏黄色的拉丝状或者糊状物体，有的会有轻微的气味。这些分泌物由阴道内脱落的细胞、黏液以及非致病性的细菌构成，能够润滑阴道、维持酸碱平衡和抑制细菌增殖。因此平时不要冲洗阴道，否则会导致阴道内乳酸杆菌减少，反而破坏了阴道内的自我洁净机制。

正常的做法是，认真清洗外阴。外阴有很多褶皱，随着孩子长大，阴毛也会逐渐生长出来，加上内裤闷热不透气和汗液的分泌，外阴表面就会堆积一些脏东西。

2. 对于健康的女孩子来说，清洗外阴使用清水就够了

清洗外阴是否需要妇科清洁液？虽然一些广告把私处清洁液宣传得特别重要，但这实际上误导了很多女性。你需要清楚明确地告诉你的女儿，用清水擦洗外阴就足够了。

那些杂七杂八的清洁液不仅浪费钱，用多了反而可能会破坏阴道内部的酸碱平衡，增加患炎症的风险。如果孩子生病了，

或者总觉得阴部瘙痒或者有异味，那也不要随便使用清洁液，最好去医院看过医生之后再在正确的指导下使用。

3. 保持内裤的清洁干净

除了选择纯棉透气的内裤，保持生理健康最重要的一个卫生习惯是勤换内裤。内裤是直接接触我们的私密部位的衣物，阴道分泌物、尿液和粪便的残留物都会留在裤裆上。人如果长时间不更换内裤，会容易感染由繁殖速度很快的沙门氏菌和大肠杆菌引起的疾病，从而有健康隐患。孩子进入6岁之后，你可以教孩子清洗内裤：轻柔手洗，并保证清洁剂完全冲洗干净。清洗内裤上的分泌物，并不需要放很多清洁剂，也不需要用开水烫，否则只会让内裤纤维变硬，使残留物增多。

洗好的内裤的最佳晾晒方式是挂在通风、阳光充足的环境中自然晾干。如果没有条件，就采用机器烘干。要尽量避免阴干，因为霉菌喜欢在潮湿阴暗的环境里繁衍；如果直接穿阴干的内裤，有患上霉菌性阴道炎的风险。

4. 月经期间的特别护理

女孩的生理卫生习惯中，另外一个需要特别重点关注的是月经期间的健康护理。女儿第一次来月经时，最好耐心教女儿如何选择合适的卫生巾，同时根据女儿的月经血流量决定是否要为女儿选择月经期间的专属内裤。

刚开始你还要提醒女儿大概每两个小时就要更换一次卫生巾，每天都要更换干净的内裤。如果不注意私处卫生，那女性就容易患上宫腔感染、盆腔炎等。月经期间内裤上很容易沾上经血，你也需要教会女儿如何处理。内裤不要隔夜，也不要和其他的衣物混在一起。隔夜的内裤上很容易滋生细菌，会有健康隐患。在清洁剂的选择上，比较推荐专门的内衣清洁皂。清洗时，不需要浸泡。

正确的做法是先用冷水把内裤上的血迹冲洗干净，然后打上专用肥皂，轻揉3～5分钟，再用温水轻轻搓洗，最后用流动的清水冲洗干净。特别要注意，尽量不要用漂白水清洗，也不要用温热水洗沾有血迹的内裤。漂白水中的氯化物刺激性比较强，残留在内裤上不利于身体健康。温热水会让血迹结块，导致内裤不容易被清洁干净。

总之，帮助女儿养成良好的生理卫生习惯非常重要。正常情况下，教女儿护理的步骤可以总结为：

1. 洗干净双手。

2. 用清水从前往后清洗，即先清洗外阴，再清洗屁股。

3. 用经过充分晾晒的毛巾擦干阴部。

4. 换上干净的内裤。

5. 顺手清洗换下的内裤，并将其挂在通风有阳光的地方晾干，或者用专用紫外线消毒设备烘干消毒。

男孩的生理卫生以及清洁方法

进入6岁之后，男孩子维持生理卫生的重点就是翻洗包皮和勤换内裤。如果你的儿子有包皮过长或者包茎的情况，你就更需要教会孩子在洗澡的时候翻洗包皮。过长的包皮会阻挡皮脂腺分泌物的排出，分泌物累积多了就会形成有臭味的包皮垢。这些包皮垢特别适宜细菌的生长，从而导致阴茎头或包皮发炎。随着孩子的年龄增大，阴茎周围会逐渐长出浓密的阴毛，加上汗腺和皮脂腺的分泌物，如果不注意清洁，很有可能会出现异味以及污垢。

爸爸可以借跟孩子一起洗澡的机会示范如何正确翻洗包皮。如果是第一次翻洗，爸爸要先告诉孩子他可能会感觉到一点不舒服，但只要不是包茎，以及没有包皮粘连，就可以忍一忍。爸爸可以轻轻翻到儿子不能忍受时再停下来。

如果爸爸常年不在家，或者单亲家庭，那妈妈可以去网上找一些科学的翻洗包皮的图片或视频，发给孩子一起讨论。接下来的几天孩子可以天天练习翻洗包皮，慢慢就变得非常容易了。

1. 健康的情况下，用温水翻洗就可以了

阴茎头的皮肤比较娇嫩，对化学物质也会比较敏感，因此不建议使用清洁剂。而且在冲洗之前，建议先用手感受一下水温，不冷不热是最舒服的温度，太冷或太热都会让孩子产生不

舒服的刺激感。

2. 清洗和擦拭的顺序

男孩子清洗生殖器官的顺序和女孩子的一样，也是从前往后，即先清洗前面的会阴部，再清洗后面的屁股。翻起包皮后，用温水将包皮垢完全清洗干净，然后再洗肛门部位。洗干净后的擦拭顺序也是一样，用单独准备的一块毛巾先擦拭前面的会阴部位，再擦拭屁股。要注意的是，不要把洗脸或洗脚的毛巾跟这个毛巾混合使用，这个毛巾也要经常用清水清洗并在太阳底下晒晒。

男孩子的运动会比较多，因此要提醒孩子每次运动后要及时洗干净。帮助孩子选择纯棉质地的内裤，不要让他穿很紧身的裤子，这些都不利于阴茎和睾丸的发育。

3. 如果孩子已经出现了包皮炎

轻微的炎症可以通过坚持清洗慢慢治愈，严重一点的还是要带孩子去正规的医院就诊。如果孩子有包皮过长或包茎的情况，就得去咨询医生，看看是不是要接受包皮环切术。

4. 关于内裤的选择和清洁的内容

和前面讲的女孩子的内裤护理知识一样，重点在于帮助孩子选择纯棉透气的内裤，勤换内裤，保证内裤得到充分的晾晒。

这个年纪是孩子养成健康的卫生习惯的好时候。日常除了教导方法，就是要一遍一遍提醒孩子，不要嫌自己唠叨，也不要怕被孩子讨厌。孩子进入青春期后，有可能会在一段时间内打乱这些习惯，对此你不用太焦虑。混乱的青春期之后，你就会发现孩子很有可能已经重新看待并实践这些好的生活习惯了。

小知识

（1）阴道炎：小孩子也可能得阴道炎。如果孩子的阴部红肿，阴道分泌物增多，有白色、黄色甚至黄绿色的脓性分泌物，而且孩子自己会有热辣辣的痛感，就要考虑孩子可能是得了外阴阴道炎，建议带孩子去医院就诊。

（2）阴茎炎：男孩子的阴茎若有红肿情况，要仔细检查。如果是阴茎头红肿，那可能是阴茎头炎；如果是包皮发炎，就很可能是包皮炎。如果孩子感觉生殖器瘙痒或疼痛，并且阴茎分泌物增多，出现排尿困难等，就要考虑带孩子去医院就诊。同时也要强化良好的卫生习惯，定期使用棉签清洁包皮和阴茎头之间的区域并用清水灌洗，直到炎症消退。

第21章

第二性征出现，孩子惊慌害羞怎么办？

孩子进入10岁后，大部分家长会观察到孩子的身体已经在陆陆续续地开始发育。比较常见的是男孩子开始长高，女孩子的胸部开始发育。这是进入青春期的前奏。一般来说，青春期前后，身体发育分为两大类型：一是身体的一般发育，二是第二性征的出现。

有一个家长曾经问我：

> 我的女儿，11岁，胸部有点明显，给她买了小文胸背心，但孩子不愿意穿，觉得穿那个不好意思。该怎么引导她呢？

这位家长不知如何是好，一方面明白对于是否穿胸罩，孩子有自己的决定权；另一方面又忍不住担忧她这样不合适。

下面我们就来集中聊一聊，面对孩子青春期前后的身体变化，比如粉刺、青春痘、体毛、变声与胸部发育等等，我们家长可以做些什么。

青春痘

当青少年长大，开始注意自己的外表之后，身体却和他们开了一个玩笑——长青春痘。这是很多青少年的噩梦，哪怕他们做了很多祛痘的努力，也未必会有效果，这真的很让人沮丧。

那么，为什么孩子在青春期会长痘痘和粉刺呢？这是由皮脂腺导致的。

青春期时激素分泌增加，这些腺体会分泌大量的油脂。如果油脂量超出了皮肤可以自我吸收的量，就会阻塞分泌管道，滋生细菌，最后演变成令人讨厌的青春痘。这种情况下，你可以跟孩子探讨青春痘的相关知识，让他对自己的外貌不要那么焦虑。

你可以建议他：保证睡眠，起居规律，早晚用温水洗脸，但不需要洗得太频繁。你也要建议他：不要使用含油脂及粉质过多的化妆品，饮食上切忌食用辛辣或糖分和脂肪含量很高的食物，等等。你也要告诉孩子，尽量别用手去抠挤，以免留下疤痕。如果痘痘实在是很严重，已经影响到了他的正常生活和学习，那可以考虑带他去医院寻求医生的协助。

体毛、阴毛与体味

青春期不仅会长青春痘，还会长体毛。这些体毛，通常长在一些特定的部位上，比如胳膊、大腿、腋下、唇周和阴部等。当孩子没有相应的心理准备时，看到这些部位长出来的体毛，可能会产生惊吓、自卑、羞耻或者焦虑的情绪。家长可以陪伴孩子面对，告诉孩子这是一个正常的现象，并且将相关的知识告诉孩子，安抚他的情绪。

一般来说，阴毛大概是在胸部发育半年之后开始生长。等阴毛长得差不多时，腋毛和腿毛会开始冒出来——顺序偶尔也会有所不同。作为过来人，你需要跟孩子解释，这些生理的变化是青春期体内激素变化带来的正常现象。

虽然从科学层面上看，女生并没有除毛的必要，但如果你发现你女儿想要剃除她腋下和腿上的汗毛，你也不用非得坚持跟她讲不除毛的各类好处以及除毛的各类坏处。与其就除毛的问题在亲子关系中争夺权力，还不如给她一些自主权，让她对自己正在发育的身体感到骄傲。如果孩子坚持要剃毛，那么或许给她买把电动剃刀更能体现你对她的关爱。

而对男生来说，与毛发有关的一件大事是学习刮胡子。这是男孩子正面感受到并承认自己进入青春期的一个具有仪式感的行为。甚至有人会把儿子第一次刮胡子跟女儿第一次穿胸罩的意义相比较。

胡子大约在阴毛开始生长2年后冒出来。刚开始孩子可能会不喜欢，不好意思请教爸爸怎么处理。等胡子再长长一些，如果爸爸能够陪孩子一起练习，那么亲子之间的乐趣会增加不少，而且孩子也会觉得长大是一件值得高兴的事情。当然如果你的孩子一直很有个性，从一开始就在胡子这个问题上有自己独到的审美，那这个时候除了尊重，你还可以多跟他交流自己对这件事的看法，对孩子的想法予以肯定以及引导。

与毛发生长有关的是体味。生长毛发的这些部位都是流汗很多的地方，如果不及时清洁，就会在短时间内滋生细菌。这些细菌混合在汗液里，可能会散发出难闻的气味。体味太重的孩子会遭遇人际关系的疏离，尤其是女生，嫌弃和嘲笑会带来明显的伤害。你可以跟孩子解释为什么汗水从毛孔里渗出来之后会产生难闻的气味，然后提醒他换位思考旁人的感受，以此来建议孩子经常洗澡。同时提醒孩子清洗阴部，体味可能会来源于阴部的污垢。

喉结与变声

在青春期，男孩女孩的嗓音会发生变化。这种变化有时候要历时几个月，而有时又像发生在一夜之间。变声，其实是跟喉部的发育有关。

当青春期结束后，男性的喉腔大概要比青春期前增大1.5倍，女性则要增大1/3。喉腔增大腾出空间后，位于喉腔内的声带也会随之变厚、加长。声带变厚并且加长后，振动的幅度要比原来大许多，振动的频率也会降低，发出的音调自然也就变低了。

所以，男性的声音要比原来降低八度左右，而女性大概要降低三度。这就是为什么原来清脆的童音在青春期会变成比较低粗的公鸭嗓。变声的时间因人而异，观察下来通常开始于14岁，大概经过1年的时间童音就能过渡到大人的声音。

所以，你要告诉孩子青春期的变声是一种正常的生理现象，并跟他讨论相关的知识，减少他的焦虑。同时，提醒孩子保护好自己的声带，不吃或尽量少吃辛辣的食物，不吸烟、不喝酒，不过度用声，熬过去就会拥有一副嘹亮的嗓子。

胸部发育

进入青春期后，第二性征开始出现，女性的发育是从胸部开始的。

最初，胸部有一粒或几粒小豆子大小的硬块，女儿可能注意不到，哪怕触摸到了也不知道是什么。这个时候你就需要提前向她做一些解释，避免她哪天发现后以为自己得了什么怪病，默默地担忧和恐惧。过了豆粒阶段，胸部的硬块会越来越大、越来越多，整个胸部也开始慢慢变大。发育完成之后，女生胸部会变得更圆润丰满，乳头和乳晕渐渐变大且颜色变深。这个时候需要告诉孩子的是，每个人的乳房的大小，以及乳头和乳晕的大小、颜色、形状，都是不一样的。而且，乳房的大小并不会影响以后对小宝宝的喂养。小乳房和大乳房一样，能够产生很多的乳汁。

另外有一个地方需要特别留心，即不少女孩子会担心左右乳房大小不一样。告诉孩子，这是很正常的，左右乳房的发育速度并不总是一致的，出现大小差异是非常正常的。过一两年，两边大小就会比较接近了。实际上，即使是长大成人后，仍然有很多人两边乳房的大小不一样呢。如果女儿对乳房大小的差异感到很苦恼，那你可以建议她在胸罩里加垫片，使两边看起来一样。

与此同时，也要关注男孩的胸部发育情况。很多男孩子发现自己胸部有豆粒大的硬块时，会担心自己病了，甚至可能会被“变成女生”或“得了乳癌，快要死掉了”这样的想法日夜折磨。你需要告诉他，这是正常的。当他们的胸廓长大到成人的尺寸时，小小的乳房就会平展，看起来也不会再那么明显了。而且，大约有1/2～1/3的男生都会出现这种状况，这是因为雌性激素在体内发挥作用，并不是生病了。

如果你的儿子体型偏胖，胸部发育就会更加明显，这是由于脂肪中的雌激素比较多而导致的。你如果实在担心，就带孩子去看看医生，这会让孩子感到安心。

在女孩子胸部发育之后，还要考虑的一个现实问题是什么时候该穿戴胸罩。很多家长问我这个问题，我的答案是：并没有一个确定的时间，女儿想戴就带她去买。如果你认为她不戴胸罩会有暴露的风险，或者她感觉发育的乳房会影响她参加学校的体育运动，就跟她建议穿胸罩比较好，并且跟她商量是穿宽松一点还是厚实一点的衣服比较好。这个时候的选择，常常会受同伴的影响。如果女儿最要好的朋友戴胸罩了，她多半也会想戴。有时候，为了让身材好看一点，或掩饰新发育的部位，女儿也可能会要求你带她去买胸罩。你可以提供一些关于如何选购胸罩的建议，比如款式是选小背心还是选运动胸罩，如何判断材质，如何确定尺码，等等。如果你是妈妈，更可以分享自己的经验，这会让你们的关系更进一步，使你们像闺蜜一样相处。当然，同时要尊重孩子的选择，关注孩子自己的想法和意愿，让她感到自在。

抢跑和落后

回顾自己的青春期，你会发现有一件事情自始至终都困扰着你，那就是你总是会怀疑自己是否正常。

如果发育得比较早，被很多人嘲笑，你就会觉得自己不正常。尤其是发育得比较早的女生，胸部的增大总会引来很多不怀好意的目光和闲言碎语，甚至有一些可恶的男生会去拉扯女生胸罩的肩带。这些时刻回忆起来总是充满了哀伤和痛苦。

发育晚的女孩子同样有各种各样的担心，看着所有的同伴都来月经了，心里会疑惑：我是怎么回事，我身体会不会有什么问题，以后会不会无法生育，等等。而如果男生发育得比较晚，会发现自己成了角落里默默无闻的矮个子，那些高大帅气的男生身边总是围绕着一波又一波的女生。更让人难过的是，每次洗澡看着自己小小的阴茎，他们都会觉得自己一点儿都不像个“男人”。

这样的比较无处不在，带给人无限的挫败感和惶恐。

当我给青春期的孩子上性教育课程时，他们会说霸凌无处不在——你学习成绩好会被霸凌，你长得矮小会被霸凌，男生说话轻声、举止温柔会被霸凌，女生讲话霸气、举止豪爽会被霸凌。总之，他们就是有无数的理由把你排除在某个群体之外。

因此，青春期有很多记忆是很多人不愿去回忆的。

我很喜欢一种说法，即给青春期的孩子结一张稳固的蜘蛛网。作为父母，要争取成为这张蜘蛛网中重要的组成部分，正确地提供给孩子成长过程中所需要知道的信息，无论是有关身体生长的知识规律，还是与作为个体在团体中的独特性和差异性有关的知识。这些都可以帮助孩子避免在信息孤岛中惴惴不安，成为孩子抵御内外青春风暴的一个坚实的力量。

小知识

自我同一性：指个体对自己“是什么样的人”以及“想成为什么样的人”有一个明确认知，能够将过去和未来、理想和现实、主观和客观的自我统一起来，从而让当下的生活实践更有方向感。美国心理学家、儿童精神科医生、现代催眠之父艾瑞克森提出了人格发展八阶段理论，认为在青春期（12～18岁）的核心任务是获得自我同一感，化解角色混乱危机。

第22章

该担心早恋吗？怎么看待孩子的亲密关系？

死党一般的友情与嬉笑打闹的朦胧爱情大概是进入三四年级的孩子的人际交往核心。小学低年级的孩子（6～9岁），大部分会开始隐藏自己对异性的关注或喜欢，表现出来一副对谁都不在乎的样子。但这并不表示男生或女生对对方没有什么关注，他们经常会聚在一起大惊小怪地讲一些听来的八卦，如谁和谁谈恋爱啦，谁和谁一对啦，谁喜欢谁啦，等等。然后他们会嬉笑打闹一番，觉得这刺激无比。真的要与异性交往的时候，他们也都会装作一本正经的样子，感受那种若有若无的好感。这个年纪的男生女生既想被异性喜欢又觉得对方恶心，很难把喜欢与讨厌分清楚。也有一些对性别不敏感的孩子和异性发展出了很好的友谊关系，随着年龄的增长，因身体发育而慢慢感受到异性相吸的美妙。

而小学高年级（10～12岁）的孩子，正在向青春期过渡。这个阶段的孩子，有些时候会表现得极为厌恶异性，甚至不跟异性说话，或许曾经特别关注而默默喜欢某个男生或女生，现在却不喜欢了。但大多数的时候，他们会在性欲望的作用下，对异性产生思念和爱慕。他们开始注重自己的形象，找机会接近喜欢的异性，并乐于同他交流。

如果被喜欢的人拒绝或厌恶，他们就会垂头丧气，充满烦恼忧愁。与此同时他们也会逐渐产生羞愧感，开始不愿意告诉你他自己的情感状况，因为这是他们心中的小秘密。在正常轨道上发展的孩子，通常你都不用特别担心。对8～9岁孩子的嬉闹，你可以一笑了之。如果你11岁的女儿宣称自己恋爱了，你大概会担心她陷得太深而影响学习，更担心她懵懵懂懂就发生了性行为。

“友谊的小船”与同伴的压力

实际上，这个年纪的孩子对友谊和伙伴的渴求会超过对爱情与性的向往。你更要关注的是你的孩子是不是那个无法交上朋友的孩子。进入小学后，女生们很快就会发展几个好朋友并一起组成小团体；虽然男孩不会像女生那样发展出很亲密的友谊，但通常是比较受欢迎的几个男生影响着班级的男生团体氛围。一个班级总有那么几个孩子形单影只，因为各种原因交不上朋友。

了解你的孩子在学校是否有朋友非常重要。不受欢迎的孩子因为经常感觉不到被接纳，会很难过，在处理人际关系时会产生低自尊感的痛苦。如果你的孩子在学校的时候交朋友有困难，那你要以系统性思维去考虑介入。

一方面，跟孩子的班主任谈一谈，让老师多了解你的孩子的性格；另一方面，请求老师注意观察班级里的动静，留意你的孩子，并邀请他与其他同学一起做游戏，从而增加孩子和其他同学交往的机会。

第二是思考作为父母可以积极做的一些事情，比如担任班级的一些公益职务，组织班集体活动，为孩子创造一些可以交到朋友的机会。你也可以在一些节日邀请邻居家的孩子来家里玩，或者和家长们私底下组织一些外出活动，以创造尽可能多的机会让你的孩子可以跟相同年龄的伙伴一起玩耍。你的积极参与会让更多的孩子和家长认识你与你的孩子，这样你的孩子就能够打破社交障碍，慢慢收获适合自己的朋友圈子。

第三，别忘记多跟你的孩子谈：问问他喜欢和什么样的人交朋友；如果想参与别人的团体活动，那他有哪些办法可以慢慢让别人接纳自己；如何学习做别人的好朋友；如何表达对别人的兴趣；如何学习建立友谊；等等。

这些讨论不需要太正式，只要在有机会的时候帮助孩子了解一些常识，辅助他掌握一些人际的交往技能。

而如果你的孩子属于某些小团体，你观察到他们在排斥其他的同学，那你也可以跟他聊聊他如何看待好朋友与一般的朋友。每个人肯定都有自己人际关系上的偏好，但对不喜欢的同学也最好不要嘲笑或直接拒绝交往。给别人足够的面子和空间，也会让自己舒服自在。但你仍然要尊重孩子自己的选择，不要挑剔和批评。

在挑选朋友时，孩子会倾向于那些在集体中具有较高社会地位且在智力和兴趣爱好上与自己类似的孩子。他们会花很多时间和伙伴在一起，享受友谊带给彼此的快乐。如果孩子选择的小团体有你不喜欢的孩子，那你能干预的可能性也非常小。但不要放弃观察，多创造机会邀请孩子的朋友们来家里吃饭或者玩耍。如果观察到一些很不好的行为或品质，可以在晚上家人一起吃饭时提出来和大家一起讨论——不要忘记这个时候跟孩子一起讨论一个人的品行和价值观的重要性。

这种谈话不一定能够顺利进行，最好是在孩子年纪小的时候进行。孩子年纪越小，你越能够影响他。而在孩子10岁之后的前几年里，你会发现自己和孩子之间的亲子关系似乎再也回不到从前。孩子在不断地挑衅你、顶撞你，你们的冲突几乎会让你陷入对关系的绝望情绪中。但不要被孩子表面的强悍和自我所欺骗，你要能够看穿他虚张声势背后对你的强烈依赖——依赖你给予指导和支持。

这种变化似乎是在一夜之间发生的，又似乎是经过了很久的酝酿。前一天你们两个人可能争吵到你发誓再也不管他，但第二天他又变成了那个六七岁的小孩，等待着你给他一个建议。在这个反反复复的曲折变化过程里，孩子在情感和心理上逐渐完成了分化与认同。认识到这些，你就不会阻碍孩子寻求独立，而认识到这是他长大必经的过程。你可以稍微忍耐自己的情绪，小心翼翼地维护他脆弱的自尊，协助他完成自我认同。

似爱非爱的爱情

如果把爱情的发展阶段比喻为地球的演化，那此时的爱情大概还在白垩纪。所以如果你读四年级的女儿跟你说起班上哪个男生喜欢哪个女生，哪个女生爱上哪个男生，你跟着一起聊八卦就好。实际上，8～11 岁孩子之间的性别隔离是最严重的。

男女生几乎就是各玩各的。他们偶尔会有交集，随之而来的就是挂在嘴上的“喜欢”或“讨厌”，以及你来我往的追逐打闹、吵架、拌嘴和威胁。这样的关系里有着若有若无的性吸引力，但并不会发展成真的恋爱关系。如果你把这类嬉笑打闹严肃地看成是早恋，那么各类猜测和担忧就会随之而来。在焦虑恐惧之下，你很有可能就会开始“棒打鸳鸯”，或者对孩子进行谆谆教诲，从而破坏了孩子与异性之间朦胧的爱慕基础。

实际上，这类不清不楚的吸引力正是爱慕的基础。爱慕的自然发展会带来孩子的性幻想，性欲也会在身体发育的青春期开始来临。最初的爱情总是夹杂着想被异性喜欢但又觉得被喜欢或喜欢别人既恶心又刺激的想法。

相比真正的恋爱，他们更喜欢嘴上说喜欢，并不会轻易发生真正身体上的触碰，包括亲吻。身体发育的缘故，女生也许会比男生大胆一些，更愿意与异性交朋友，但也是有限度的。9岁的女儿可能会跟你说谁谁是她的男朋友，但如果你问他们会不会发展到亲吻的地步，她会觉得你太恶心了。

认识到这些，你就大可不必对孩子的早恋感到惊慌失措。你的女儿如果是那种特别早熟的孩子，那大概会成为班上的八卦之王。关于很多男女生之间的小道消息，她都知道，并且津津乐道地谈论谁跟谁好啦，谁跟谁一对啦，谁跟谁亲嘴啦。这样的孩子也无须太担心，人际交往的能力会给她很多支撑。

比较需要担心的孩子是那些内向又敏感的孩子。因为内向，所以他的人际关系不足以支撑他内在感情的起起伏伏。如果真挚的感情被嘲笑和拒绝的话，他就很容易走入自我封闭。因此你要留意你的孩子的个性状态和人际交往能力。

总的来说，对这个年纪的孩子，你要做的是耐住性子，保持观察，同时还要练习亲子沟通技巧。同时你要看见你们亲子关系发生的变化，然后学习修正自己的引导方式，在孩子真正地坠入爱情之前，带着以下的思考开始做应对和支持的准备。

你是否了解你的孩子？

在他进入青春期之际，他的身体、心理、心智和情绪会面临什么样的变化？你们的亲子关系已经发生或正在发生什么样的变化？你的儿子或女儿需要从作为父母的你们身上得到什么？你对你的孩子抱有哪些不切实际的期许和哪些过度的焦虑与担心？你是否想过自己在面对孩子初恋时会有怎样的反应？

与其不知所措地恐惧和害怕，不如安静下来，学习如何靠近他。看着孩子欲言又止的模样，你会不由得回想起自己的青春时代——充满欢喜、忧伤、热情与背叛，那是生命中永远无法抹除的灰蓝色记忆。回到现实里，放下对早恋的恐惧与过分担忧，鼓励你的孩子去思考和探索自己的情感之路吧。

小知识

（1）同伴压力：指的是青少年在同伴的影响下，会改变自己的行为和态度，使之与同伴保持一致的倾向。

（2）性吸引力：男生看到别人裸体，或想到别人的身体时，阴茎就会勃起。女孩遇到类似的情况时，阴道会湿润。这种性反应大约是从八九岁开始的。这类吸引力也是爱慕的基础，是成人式性欲萌芽的开始。

第23章

孩子以说粗话为荣甚至觉得有趣，怎么办？

很多家长发现孩子到了八九岁会特别喜欢说有关性方面的脏话。现在很多孩子都会用微信，也会在班级的微信群里发表一些有关性的话题，言论充满各种脏话和粗话，以及跟性有关的八卦等。喜欢说脏话的孩子大概从五六岁开始就表露出对这类语言的特别喜好，进入小学后也容易遭遇一些人际关系的问题。

另一个令这个年纪的家长头痛的问题是，孩子对流行文化的媚俗。很多的女孩子到了10岁后，开始对个人形象很在意，可能会模仿明星的穿着，喜欢夸张的浓妆艳抹或过分的裸露，或者进行减肥以符合标准审美。如果你的孩子也是这类孩子，你估计会很头痛，不知道该怎么引导她。

而如果你的孩子是承受脏话、被人取外号的孩子，你又会担心孩子受到伤害。我们先来看第一类的孩子，讨论如何处理和回应孩子喜欢说脏话和做出挑衅的行为。

孩子为什么喜欢讲脏话？

如果你8岁的儿子一激动就冲你或朋友说“我靠！”，或者在学校隔三岔五因为对同学竖中指而被老师叫到办公室谈话，除了很头疼，你也一定会很纳闷，这个孩子为什么会这样？

第一个原因是他是从日常生活环境中模仿学习来的。模仿学习的对象，既可能是家庭里的主要养育者或者亲戚，也可能是同学、朋友等小伙伴，还可能是网络媒体和小视频。有不少的妈妈说在家里爸爸就特别喜欢讲脏话，动不动就说“去你妈的”“狗屁”之类的，在耳濡目染之下，孩子想学不会都很难。而现在的网络小视频，比如抖音里的视频，有很多人也是靠讲粗话和低俗的段子火起来的，孩子看多了，不免就开始模仿，以为这样很搞笑。

第二个原因是讲脏话是一种发泄情绪的需要。这个时候的孩子的内心经常充斥着很多莫名的情绪，但他又无法将其整理成语言表达出来。面对亲人和朋友，他都不知道如何去表达他愤怒的情绪。这个时候他发现，讲粗话似乎很有力量，那种恶狠狠的感觉很解气。这个力量感也会让孩子反复去体验。

第三个原因是这个年纪的孩子会用胡言乱语来引起周围人对他的足够重视。尤其是当孩子想在亲子氛围比较紧张的家庭里吸引父母的注意力，或者是吸引学校老师的注意力时，他会觉得这样做是可行的。如果你的孩子有这种情况，那么你要下意识地在平时多给他一些关注和爱。

第四个原因相对复杂一些，即这个年纪的孩子会开始非常在意自己和朋友或同学能否步调一致。从穿着、言谈举止到吃的食物和喜欢的音乐，他们几乎都有自己的小圈子。如果你的孩子所在的小团体，刚好流行互相讲粗话来取笑彼此，那么你的干预要非常慎重。

讲粗话在这里具有维系人际关系的功能，在男孩子中尤其如此。男孩子之间互相讲着粗话脏话，无形中在暗示：我们关系很好，我们在一起形成了关系很铁的小团体。同时他们会一致对团体之外的人使用脏话来表达嘲弄，甚至是欺凌。

团体之中的人，不见得都喜欢这样做，但他们更在意自己是不是得到了同伴的认同，是不是获得了团体的接纳。为了迎合小团体文化，他们宁愿委屈自己，忍受这些小小的压力，因为别人的认可对他们而言是一种荣耀。

如果你的孩子正处在喜欢说脏话的阶段，那你可以先评估你的孩子是哪种情况。前三种情况下的孩子实际上并不知道他讲出来的脏话的真正意思是什么，只是知道这样讲很有趣，或者可以发泄自己的情绪。他也想不到自己这样叫别人“小太妹”

或者“婊子”之类的会让别人不舒服，不知道旁人会怎样看待自己。而父母因为生气，只记得引导和禁止，并没有耐心地跟他解释成人说这些语言背后的意图是什么，这些语言是如何伤害和影响别人的。

如何回应孩子的脏话或挑衅行为？

因此这种情况下，你最好的反应是平静地问问孩子：“你在哪里学会讲这个的？”接着问他：“你知道这话的意思是什么吗？”你也可以具体跟他讨论粗话在文化中的意涵是如何形成的，为什么成年人喜欢用这样的词汇公开讲性或性交的行为，以及为什么竖中指对别人而言是一种侮辱。你也可以询问他：如果听到别人这样对你讲，你有什么感受？你会怎么反应？如此等等。

你如果自己也不知道答案，那可以跟他一起去搜索，探寻性语言文化的形成来源。他会在这个过程中明白：用粗话辱骂别人其实是有其本来的形成历史的，辱骂别人并不会让自己变得更好，反而是不文明的表现；与此同时，听到粗话的那个人会觉得尴尬、难受，甚至会记恨对方。他也会思考自己是不是要认同这种文化，同时也会逐渐思考自己的粗俗言行对自己和别人的影响。这可以帮助他了解他自己想做一个什么样的人，想在别人眼中有一个什么样的形象。如果你的孩子是经常承受辱骂的一方，那你更需要共情孩子的感受，帮助他确认自己真实的情绪是什么。一定不要急着认定孩子是被欺负了。

在我的孩子上一年级的时候，班上很流行讲粗话和竖中指，他对别人做过，也被别人这样对待过。我跟他讨论的时候，发现他们自己其实并没有欺负或被欺负的概念，纯粹就是觉得好玩。于是，我就认真跟他讨论了这些粗话是什么意思，同时也跟他讲，他和同学之间玩是没有问题的，但要知道，如果我不喜欢听，就不要跟我这样讲。我猜学校老师也不会喜欢听，因此就不要跟老师讲。至于班上的女生是否喜欢听呢？你要去判断。我猜她们是不会喜欢的。因此，不要对不喜欢听这些粗俗的语言的人讲这种话。

我重点是想教会他理解语言使用的环境，而不是简单责骂他或禁止他使用。如果别人这样对待他，那他也可以有自己的反应。比如，他愿意骂回去，那他就也这样骂对方，并且回应对方一个中指。如果他听到了不觉得这是侮辱，也不觉得生气，不想有什么回应，也是没有问题的。粗话的意义本来就是别人赋予的，你可以不认同这个意义。因此虽然他这样骂你，但激不起你的愤怒，那些粗话也就起不到什么侮辱的作用了。这个方法帮助我的儿子非常顺利地度过了这个阶段，儿子对粗话的兴趣也很快就消失了。

面对以说粗话来维系人际关系的孩子，你的干预处理要非常慎重。最好是先倾听孩子，让他能够讲出他在处理人际关系时的困惑和压力，然后帮助他厘清他可以承受的程度和他对团体之外的伙伴的想法，陪伴他找到适合自己的处理方式。而团体之外的孩子，有的时候会愿意忍受被辱骂，并不是因为他不懂别人这样对待他的意思，而是他愿意承受这个部分来换得在同学中的位置和关注。

因此你更要关注的是他建立人际关系的能力，帮他看清他自己在自我认同和小集体文化当中的困惑与纠结，陪伴他经历这些痛苦，帮助他建构适合自己的人际关系。即将进入青春期的孩子，会觉得这个世界上只有自己和自己的朋友才是最重要的。他们极其看重和朋友的关系，也极其想让自己成为话题的中心；因此一些标新立异的言语和行为背后只是自我张扬的需要，一些忍辱负重的背后是自我被接纳的需要。

暴露的着装，媚俗的审美

如果9岁的女儿喜欢网购一些花里胡哨的衣服把自己打扮得像十足妩媚的艳星，或者在自己的房间贴满露胸露背的明星图片，想到她的审美如此低俗，喜好如此夸张，你是不是感觉要崩溃了？甚至长到了10岁，女儿开始嫌弃自己身材不好，准备减肥，你会支持她还是反对她呢？

经常会有家长咨询我，说女儿穿着暴露，打扮很性感，不知道该如何处理。

你会感觉崩溃的一个重要原因是，你觉得自己这么些年对孩子审美方面的培养全部付之东流了。但你不要忘了，这个年纪的孩子在寻求自我认同：她想跟父母不一样，所以转而去寻求小团体、青少年流行的文化的认同。

你大概可以做的是心平气和地跟她聊聊，聊着装对一个人的社交意义，聊她对自我身体意象的感受。她这样穿是自信的吗？她想通过着装传递什么信息？她喜欢自己看起来很性感吗？她认为的性感是什么样子？

对于即将进入青春期或者已经进入青春期的女孩子来说，良好的身体意象和对自己身材的自信是非常重要的，同时她们又会对自己的外貌相当敏感。在身体要发生巨大变化的年纪，穿着是孩子在外貌方面唯一可以掌控的物品，也是掩饰缺点的必备品。

所以，你大概要做的是，一方面肯定和接纳她对外貌美和独特性的向往与追求；另一方面，引导她把精神追求当作性魅力的重要部分，对身体和性的内涵有更深的了解。

对于热衷减肥的女孩子来说，让她知道你喜欢她并接纳她的一切，无论她高矮胖瘦，这一点很重要。如果孩子能够确认父母的爱，那这份安全感会帮助她更容易地接纳自己。如果孩子执着地想要更瘦，那么比起节食，更提倡的做法是带孩子更多地参加一些户外运动，让她培养一两个喜欢的运动习惯。告诉孩子，摄入足够的营养和保持健康是这个年纪的主题；很多女孩子在这个年纪都会有点发胖，这是因为身体要为后面青春期发育储存脂肪。好好吃饭，做好锻炼，保持身体和心理健康，关注自己的内心，才是美。这些价值观都是你可以在你与孩子的互动中传递给她的。

小知识

（1）粗话的情绪宣泄功能：将负面情绪宣泄给别人有施虐的意味。讲粗话能达到这个效果。

（2）青春期身体意象的发展特征：有关身体意象的认知，青春期的孩子在某种程度上像是在重复0～6岁的很多发展阶段，需要一遍一遍确认身体是不是属于自己的。他们会去经历一个随心所欲穿衣服的阶段，但后来会开始慢慢意识到社会的穿衣规范，形成第二方的视角意识。

第24章

“娘娘腔”与“假小子”，怎么处理特定的性别霸凌？

“假小子”与“娘娘腔”

儿子因为性格温柔、皮肤白净，在学校里被老师、同学嘲笑不是男子汉。

女儿长大后想当建筑师，老师告诉她那是男孩子干的事。

孩子的班主任总是暗示男生最好学理科，女生最好学文科。

女儿在QQ里对另一个女孩子表白说喜欢她，她会不会是同性恋者？

如果上面提到的孩子正是你的孩子，你会如何应对和处理？

一般来说孩子在上小学时，会更多地意识到社会对男孩与女孩有不同的期望。但总是会有一些孩子，即使感受到这样的性别期待的压力，仍然会表现出很多认同另一个性别的特征与行为。对于那些举止豪爽、行为奔放、像男孩子一样的女孩，社会会给她们贴上“假小子”的标签；而对于那些举止温柔、行为优雅的男孩子，人们会取笑他们是“娘娘腔”。也有一些孩子，就是对异性不感兴趣，喜欢跟同性一起玩，感觉自己被同性的人吸引——孩子自己可能也不明白是怎么回事。

如果你的孩子就是这样，那你就更加需要具有性别平等意识。你要了解你的孩子并不是变态，了解即使孩子是同性恋者也并不可怕，了解你的孩子更加需要你的陪伴和支持。

独特的性别气质和性别霸凌

2019年6月29日，歌手蔡依林以她和阿信共同创作的《玫瑰少年》收获了她的第六个金曲奖奖项。这首歌背后承载的是一个关于推动性别平等的故事。

故事里的玫瑰少年叶永志逝世于2000年4月20日。他是一个喜欢帮妈妈做家务的暖心小男孩，却因为气质阴柔，经常被同学欺凌，同学甚至要他脱裤子验明自己是男孩子，导致他不敢在下课时间上厕所。2000年4月20日，他一如既往地提前5分钟离开教室去上厕所，却再也没有回来。后来，他被发现倒在血泊中。

那一年他才15岁。

叶永志事件影响了整个台湾社会对性别多元的认识，引起了社会各界对性别欺凌的重视。在他去世4年后，台湾地区规定，学校要推行性别平等教育。2019年，台湾地区修订的关于同性婚姻的规定也与这个事件的影响有很大的关系。

在这个事件之后，更多的人发声，公开表示自己遭受过同样的经历。叶永志的音乐老师说："在女厕所撞到叶永志的那一刻，我心中有一些激动，大部分是害怕，害怕看到年幼的自己。""丫头"的外号伴随了他整个童年生活。即使在他得了模范生的一年级结业典礼上，高年级的同学也在下面起哄喊"娘娘腔"，甚至拿石子扔他，拿他撒气。有个男生说："我从小就想留长发，想不明白为什么男孩子只能剪短发。我很困惑，为什么我跟别的男孩子不一样？为什么我一定要跟别的男孩子一样？被大人呵斥之后，虽然我是短发，但因为体型，更因为说话的方式，'娘娘腔''死基佬''死胖子'一直是我小学时期的外号。"

很多老师也认为那些像女孩一样的男生不太正常，他们被霸凌只是同学们之间的正常玩笑。在大陆，此类校园暴力事件也是数不胜数的。那些不想穿裙子、只想玩卡车的女孩子会被父母呵斥：女孩应该有女孩的样子。那些喜欢穿男装，留短发，穿男士运动鞋，对“女孩的事情”全然不感兴趣的女孩子，会被同伴排挤、羞辱和取笑，并被贴上“假小子”的标签。

2012年，一名跨性别学生被宿舍6个女生逼着洗屁股。

2019年，一名气质阴柔的15岁男生因老师的羞辱和家庭的不接纳而留下遗书，离家出走。

如果你养了一个这样的孩子，而你对性别角色的期待恰恰又比较传统，那么孩子在性别方面所表现的这些行为，会让你觉得养育异常艰难。但你要知道，与那些主动选择符合社会性别期望的孩子相比，你的孩子可能无法主动选择或控制自己的表现。

孩子会有这样的行为表现，主要是生物影响的结果。

这是家长、老师和治疗师都无法改变的。这样的孩子更加需要你去爱他，需要你无条件地去爱他本来的样子。他需要你的接纳与支持，需要你的帮助以应对在学校可能会遇到的各种困难以及社会上的种种歧视与不理解。

如果说你还有什么可以做的，那就是多鼓励他参加一些没有特定性别特征要求的活动，帮助他找到能够接纳他的生存环境和能够激发他潜能的成长环境。

蔡依林在颁奖典礼上说：“叶永志提醒了我，在任何情况

（下）我都可能成为某种少数，所以我更要用同理心去爱任何我身边的人。这首歌献给他，也献给所有曾经认为自己完全没有机会、没有选择的你，你一定要记得选择你自己，支持你自己。”

我的孩子可能是个同性恋

如果你10岁的女儿对你说她很喜欢女生，你会不会吓一大跳？我听到很多家长说，在儿子对自己出柜前，自己根本不知道儿子是男同性恋者。这是因为大多数的父母实在不愿意去想自己的孩子可能是个同性恋者。知道自己一直呵护养育的孩子是同性恋者，对是异性恋者的父母来说，会是很大的挑战。

你没有处理同性恋问题的经验，不知道他的人生将会经历什么样的挑战，不知道自己可以怎样协助他。

你无法预估你的孩子有什么样的需求，而自己可以给出什么样的建议。当孩子在外面遭受凌辱和嘲笑时，你该如何安慰他，给他力量？所有的挑战中最大的一项是，你要如何欣然接纳你的孩子是同性恋。你会感到害怕、困惑和担忧，也会心烦意乱。

你即使很开明，身边也有一两个是同性恋者的朋友，也还是会失望伤心，甚至绝望。当这些情绪出现的时候，我想你能做的是深呼吸一下，然后去想想你对同性恋的认识是否足够多。

讲起同性恋，就需要讲到性取向。性取向是指一个人对同性的人（比如同性恋）、异性的人（比如异性恋）或两种性别的人（比如双性恋）基于性爱、浪漫和情爱的吸引。性取向有四个要素：恋爱的对象、性行为的对象、性幻想的对象以及自我认同。这四个要素的指向如果是同性就是同性恋，如果是异性就是异性恋。

所以，你大概要知道的是，性取向并不是一个人可以主动选择的事情。你不需要执着地去寻找你的孩子成为同性恋者的原因。科学研究表明，遗传、产前激素、神经发育、个人心理、社会变化和文化因素等的共同作用会对一个人的性取向产生影响，这些影响因人而异。

不要太早对孩子的性取向下判断

即使你的孩子有一些同性恋倾向的行为表现，你也不需要太早对孩子的性取向下判断。很多处在前青春期的孩子会感觉到自己被同性的人吸引，或喜欢上同性的老师、明星，甚至与同性尝试过性行为，但这并不表示他们日后就会发展为同性恋者。但这也不是说，你不需要面对这个问题，甚至欺骗自己说："我的孩子肯定不会是同性恋者。"

如果你的孩子有同性恋者的气质或行为表现，那你需要考虑他是同性恋者的可能性，心里要有个底，并依此做出回应。你要知道，你如果有性别多元化和性别平等的意识，就会不由自主地更用心，帮助他应对同伴的嘲弄，给孩子一个更加健康快乐的童年；也不用担心自己会因为他很特别而不再爱他。

你可以从建立良好的亲子关系开始，顺应孩子的性情，进入孩子的世界，同他分享他热爱的事物。这些都是你爱他与尊重他的表现。获得他的信任后，你可以跟他谈谈他的状况，分享你对同性恋的看法，鼓励他表达自己的想法，确定他是否需要你的帮助和支持。这样的谈话会让他明白，无论他是不是同性恋者，你都会一如既往地爱他。今天的社会更加宽容和多元，个性鲜明且健康的孩子会在学习和生活环境中探索自己的性取向，从而完成自我认同。

总之，如果你的孩子拥有与众不同的性别气质和性取向，那你可以多跟一些从事性别研究的专业人士聊聊，加入由有类似情况的家长组成的团体互相支持，以获得更多的力量。国内的相关公众号也很多，比如北同文化、跨儿心理等等。你只要有心放下偏见，就会发现有很多的资源信息可以帮助你。

同时你要对青少年有更多的了解。进入青春期的孩子会去测试外界对他是否认同，于是尝试不同的打扮，穿上奇装异服。有的男生还会绑起辫子。这些小小的探索未必有深刻或实质的意义，但你还是得咬紧牙关，尊重他的尝试；因为这些是他发自内心的自我追寻。而且，怀疑自己是同性恋者却不敢告诉任何人的孩子自杀的可能性更高。如果他们跟别人谈过，那自杀风险便会降低。不要忘记的重要一点是，能够和家长维持好的亲子关系的孩子，跟家长好好讨论过性取向的孩子，在进行性行为时会更注重安全。

小知识

（1）LGBTI：同性恋、双性恋及跨性别者等少数群体的简称。L 指 Lesbian（女同性恋者），G 指 Gay（男同性恋者），B 指 Bisexual（双性恋者），T 指 Transgender（跨性别者），I 指 Intersex（两性人）。

（2）性 / 性别的双重标准：对不同性别的行为容许程度有不同标准。比如父母亲通常会把女儿看作是柔和、精致且弱小的，而儿子则被期待变得强壮、粗手笨脚、高大和勇敢。这样的性别刻板印象非常不利于儿童与青少年的性别角色学习。

第25章

孩子长大了，就不会遭到性侵和猥亵了吗？

防止孩子受到性伤害是大部分家长关注性教育的最初动力。尤其是近年来，因为网络信息的便捷，很多有关儿童性侵害的新闻被广泛传播，父母对自己孩子的性安全也变得格外重视，甚至感到非常焦虑。而如果家长自己在年少的时候曾经受到过性骚扰或者性伤害，就更容易想起自己以前受过的伤，把很多对性的恐惧或者厌恶带入到性教育中。这样的情况下，性教育就变成了防性侵教育，而防性侵教育的重点就是“不要这样，不能那样”。谈起性，与之相联的就是罪恶、厌恶和恐惧，反而使很多的孩子丧失了感受美好的性的能力。

那么，我们要如何处理这个年纪的孩子在性发展中的安全与自我保护问题呢？

首先，你要知道，决定如何处理孩子性问题的首要原则是增进孩子的健康。这个健康的定义包括生理健康和心理健康。具体来说，生理健康就是不染患性病，避免意外怀孕，并远离性侵及暴力；心理健康是指成年后拥有享受性欢愉的能力、选择爱与性的自由，以及可以指引自己在有关性的人际关系中做出符合自己身心需求的选择的一套性价值观。最后，也是最重要的一点是，帮助孩子培养坚强的性自尊。

从这个目标出发，有效的防性侵教育就不能只强调隐私部位，也不能是放任不管的“鸵鸟式”性教育，或者吓唬孩子的恐吓性教育。真正有效的性安全和自我保护教育，是教会孩子爱自己的身体，爱自己这个人，拥有身体和性的自主权意识。

常见误区

第一，性别误区

很多家长觉得防性侵是女孩的事儿，男孩不会吃亏，根本用不着担心，即男孩不需要接受预防性侵的教育。这会让很多家长放松对儿子的性安全意识的教育，也让很多遭受过性侵害或性骚扰的男性认识不到或无法确认自己是否被性侵，甚至认识到也不敢声张。

第二，陌生人误区

有的家长以为性侵发生的概率小，只要不让孩子接触陌生人，而是待在自己的眼皮底下就可以了。存在这种想法的家长在意识上就忽略了身边的很多朋友或者同事，甚至是邻居、老师及孩子的课外班教练，而他们可能正是伤害孩子的罪魁祸首。

最后，关于隐私部位的金句误区

现在性教育被越来越多的家长重视，性知识却也被越来越多的家长概括化、金句化。比如有的家长认为，只要告诉孩子“被泳衣泳裤遮住的地方是隐私部位，不能让别人碰”就代表完成了防性侵的教育；但实际上孩子并没有理解侵犯和受伤害背后的心理动机。而且很多家长从孩子懂事开始就把 “隐私部位不能随便让别人摸”这样的金句天天挂在嘴边，却忘记了很多侵犯都是从一般的身体接触开始的，即从肢体拥抱逐步试探到亲吻和裸露，再到触摸和侵犯。

因此，你要清楚的是，推行性教育是为了让孩子对自己的身体有足够认知，帮助孩子获得保护自己的基本能力。所以孩子应该能够讲出生殖器官的正确名称，尤其要知道如何辨识别人的伪善企图，对于别人的骚扰，清楚如何拒绝，也有能力拒绝。

正确的名称，明确的态度

如果你还没有教孩子性器官的正确名称，那我建议你在教孩子防范性侵害之前，先把生殖器官的正确名称教给他。避而不谈关于身体的正确认知，却渲染保护的重要性，会让孩子从你的态度上注意到谈论这些部位是禁忌。在这种认知的影响下，孩子会难以和父母沟通自己对这些部位的异样感受，也无法正确表述这些部位发生了什么事情。

因此，用正确名称来称呼生殖部位也是在表达一种态度：身体的所有部位都是平等的。这种态度也有助于孩子从小学开始就学会欣赏并接纳自己的身体。

“小鸡鸡”“小妹妹”“下边那里”等婉转称呼会传递给孩子一个信息，即身体的这个部位是让人不舒服的或与别处是不同的。这样实际上已经把一种羞耻感或罪恶感与身体的这个部位联系起来，同时也会影响孩子告诉你的性信息的准确性。孩子若有被人触摸或侵犯的经历，会因为这种羞耻感或罪恶感而无法跟大人把事情讲清楚，从而造成无法挽回的伤害。

警觉的本能

我的身体我做主，我的身体是我自己的；我拥有我自己身体的全部感觉，包括我的生殖器官带来的任何感觉——这是身体自主权意识的重要内容。在养育孩子的过程中，帮助孩子建立身体界限意识和体验身体自主感觉至关重要。

警觉的本能是预防性侵害的重要防线。在一件事情发生之前，如果孩子能够保持警觉，相信自己的感觉并听从内心的直觉，往往不经意就避免了危险的发生。要帮助孩子形成对自己身体权利的认识和建构身体界限意识，就得在日常生活中营造可以谈性的家庭文化，并在亲子之间建立谈性的习惯。

家庭中对身体界限意识和身体感觉展开公开讨论或者进行有意识的主动引导是非常有必要的。你可以通过示范来教导孩子尊重自己的感觉，表达内在真实的感受。

比如，洗澡之后，你自己要穿着衣服或裹上浴巾才走出浴室，并教孩子也这样做。你要告诉孩子这样是避免被别人看到自己的隐私部位，而且有的人看到别人的裸体后也会有不舒服的感觉。再比如，你要在换衣服的时候习惯关门、拉窗帘，并跟孩子讲明白："因为妈妈说过乳房是妈妈的隐私部位，所以妈妈不喜欢换衣服的时候被别人看到。现在你还小，有时候还需要妈妈帮忙换衣服，但如果你想要自己换衣服，那妈妈也会帮你关门、拉上窗帘。这也是尊重你的隐私。"

关于亲吻的界限，你可以跟孩子说："妈妈偶尔会想亲你的脸颊，但是，你知道不论是谁，即使是妈妈，只要你不想要都可以立即说'不要'哦。"

很多妈妈苦恼，孩子八九岁了还会时不时要求摸妈妈的乳房。通常孩子离乳之后，妈妈就要温和而坚定地拒绝孩子再摸妈妈乳房的要求。其他女性抚养人，比如姥姥或者奶奶，也是如此。妈妈要清晰地告诉孩子：“乳房是妈妈的隐私部位，你现在长大了，你这样摸妈妈的乳房会让妈妈觉得不舒服。”

如果父母亲在养育孩子的日常生活中能够尊重自己，清晰准确地向伴侣和孩子表达自己的真实感受，那么孩子耳濡目染，慢慢也就习得了这种能力。这种言传身教的力量是无穷的。

沉着应对性侵害的发生

在这些基础上再教孩子预防性侵害的方法，才是有效的做法。而且要记住的是，应对性侵害的自我保护的方法越简单、越容易记住越好。这是因为，在发生意外危险的瞬间，大脑经常会一片空白，人在那个刹那往往会陷入恐慌，搞不清楚发生了什么状况。大人尚且如此，更不用说小孩了。这个时候大脑中的各种复杂方法和知识根本起不了作用，采取行动是困难的。

因此，你要教给孩子的方法一定是简单容易记住的。这个方法就是三个英文单词：NO，GO，TELL。

1.“NO! GO!”，即坚定地表达拒绝然后离开

你会发现，教导你的孩子说“在遇到危险或者有人让你不

舒服的时候，要拒绝别人，并且立即离开”是容易的。但真正教会孩子识别危险情境，确认不舒服的感觉，以及做到断然说“不”并立即离开，却不是那么容易的。

前面讲过，识别可能发生性侵害的危险情境一定是建立在对身体部位尤其是生殖器官的认识及对隐私部位的理解和内化的基础之上的。当确认孩子对自己的身体有足够的认识之后，在生活中经常用客观简要的语言描述或通过游戏模拟一些场景是有效的做法；但要注意的是不能夸大或泛化这些危险情境，否则会演变成恐吓教育。

这些情境包括但不限于：有人威胁或者请求随意看和触摸你的身体；要求你脱衣服或者在你面前随意或故意脱衣服暴露自己的生殖器；当你的面说一些带有生殖器官的粗话（猥亵的话语）或者谈论黄色话题；邀请或强迫你看裸露的图片或视频；等等。

这些情境有一个共同点就是，会给自己带来不舒服的感觉。教导孩子，只要觉察到任何违反自己的意志或者有不舒服的感觉，都要断然地说“不”。对于不舒服感觉的确认，得益于孩子日常习得的对自己身体感觉的敏感度和对身体界限感的意识。

断然说“不”却是现实中很多孩子难以做到的部分。很多时候孩子会很难判定别人是在表达喜爱还是在进行骚扰，碍于礼貌而无法说 “不”。因此在生活中要经常跟孩子确认他的感觉，并尊重他的表达。

2.“TELL”，即告诉信赖的大人

这里我要强调的是，告诉孩子要把发生过的让他感觉不舒服的事情告诉他所信赖的大人。这个大人有可能不是他的父母。如果你跟孩子的关系一直很紧张，那你要确保他除了你还有其他可信赖的依附人选，这样他会有另一个求助渠道。亲子之间有时候存在很多其他问题带来的关系张力。如果你并没有跟孩子建立足够的信任关系，就不见得有耐心听孩子讲完一件事情，也不见得会完全相信孩子所说的话。

在这种情况下，孩子要能够把遇到的危险告诉自己可以信赖的其他大人，那这就是他生命的一个重要出口。

在孩子还没有办法独立面对和处理复杂的社会状况时，这份信赖和依靠是孩子生存的基石。

不过，孩子能够做到把事情告诉信赖的大人的两个至关重要的前提是大人不责备自己和自己不受坏人的威胁。当孩子说出身体被侵犯的事实时，当下大人可能也慌了。在担心与心痛之余，大人要先照顾好孩子的感受，不要去否定孩子，否则孩子会觉得事情的发生是自己的责任。

另外，日常生活中要特别注意对时事新闻的社会评论。比如说，当看到性侵的新闻时，若父母在闲聊中经常说“这个女孩子活该，三更半夜还出门！”“怎么那么笨，还会被骗！”等等责怪受害者的话，那么孩子自然会耳濡目染。

这些孩子在受到性侵之后，会担心父母或他人责怪自己。他们会认为发生这种事情是因为自己做得不够好，比如不应该穿裙子外出，不应该和父母赌气自己一个人回家，懊悔责怪自己当时怎么不知道跑掉，没有大声呼救等，从而不敢或无法告诉大人刚刚发生的事情。内疚感、自责感、罪疚感、害怕和担心挡住了扭转事态继续恶化的机会，造成了不必要的多次重复伤害。

另外很重要的一点是，经常会发生受害者被罪犯精神控制并恐吓的情况。性侵之后，很多罪犯会威胁恐吓孩子：如果你告诉了别人，或者有人知道了这事，你将会怎样怎样，你家人会怎样怎样，等等。尤其一些身为师长的罪犯，会利用孩子的信任和自己的威信来恐吓孩子。很多孩子就是因为想照顾和保护家人免遭报复而隐忍不敢对父母讲出事件的真相，却不知道这是坏人为达到他长期性侵的目的计谋。

所以，要让孩子知道并且相信：无论发生了什么，他都没有任何过错，不要相信坏人的任何威胁，父母或家人永远是他可以信赖和依靠的港湾。这是很重要的事情。

所有的方法要产生效果，都基于家庭中良好的亲子关系和开放有爱的沟通渠道的存在。在无法预知的未来，请和你的孩子站在一起，倾听他、陪伴他，帮助他长出在这个可爱的世界里翱翔的翅膀，和他一起感受这个世界对他的欢迎和喜爱。

小知识

强奸：暴力行为本质上是一种获得权力或表达愤怒和仇恨的手段。施暴者在违反受害者意愿的情况下，用暴力强迫对方与自己发生亲密肢体接触。暴力不仅是一种特定的行为，也是一种威胁。

小结

走过天真无邪的学前期，孩子来到了懵懵懂懂的少年期，此时他们对于性的态度也开始有了很大的改变。由于社交和学识的增加，他们已经能够内化成人对性与隐私的态度，很多有关性的探索和好奇的行为似乎就此消失不见了。

不过，读了本书的内容后，相信你已经不再会被孩子的表象欺骗了。如果你能够走进校园或者经常参与热心家长组织的小学生聚会，带着性发展的意识去观察孩子们的行为，你就可以发现很多与性相关的有趣的事情。现在你也应该知道，这些不再在大人眼皮底下进行的性游戏和性探索行为，是孩子性发展过程中非常重要的部分。

不要再被孩子的脏话激怒而恼火，是时候静下心来，观察孩子的反应和他们对性知识的需求，并继续练习如何回应孩子关于身体和性的各种困惑或问题。这个历程不但能够增长父母处理孩子性发展议题的能力，更有助于建立平等沟通的亲子关系，从而为孩子即将进入的青春期打造重要的关系支撑。

在孩子进入青春期后，可能会出现各种意外事件：问题性行为、怀孕、人工流产等，这不仅会让孩子受伤、让父母绝望，甚至有可能造成亲子关系断裂。而在这一切发生之前，请持续保持沟通渠道的畅通吧！让我们练习倾听孩子，练习相信孩子，练习耐着性子陪伴孩子整理他们的思绪，直到孩子找到自己的力量，有能力为自己做出符合内心意愿的决定。

后记

愿所有孩子都能健康成长

终于用25章讲完了儿童性教育这个话题，不免有如释重负的感觉。但随之而来的问题是，我讲的这些能够给家长和孩子们带去多少帮助呢？

我是诚惶诚恐的，因为处理关于孩子的一切都应该慎之又慎，尤其是性教育方面。我本科和硕士阶段学的都是经济学，但因为对性教育的重视，我才转而学习心理学和性教育。这不仅是因为我自己有个孩子，更是因为在35岁的年纪，我是如此坚决地想要停下来，重新审视生命及其存在的意义。

对心理学和人性的深度学习与经验的积累，让我能够从依恋关系和发展心理学的角度来看儿童和青少年的性心理发展。我也发现目前国内性教育的发展有些杂乱又很滞后，因此想贡献自己的绵薄之力。

从知名外企离职后，我全身心投入儿童和青少年性教育工作已经差不多有7年了。不管是在线上还是线下，我都有了很多经验，但也因此，我更加觉得，我的工作做得还远远不够。机缘巧合之下，刘时飞先生找到了我，说要策划一本关于儿童性教育的书。这与我不谋而合。

一直以来，我们都认为书是最能影响人的，书是最好的知识载体。相对于视频、音频等形式，书的内容更清晰、更扎实，读书能够让人记忆得更深刻。所以，我同意了刘时飞先生的建议，于是有了这本书。

本书分为两个部分，第一部分是讲0～6岁的儿童性教育。台湾荷光性谘商训练中心执行长吕嘉惠认为，0～6岁是孩子性发展的萌芽期，是依附关系的开始，对应的是父母学习性教育的暖身期。对此，我是百分之百认同的。因着这样的认知，我觉得父母在这个阶段思考自己的教养哲学和厘清自己的性价值观是至关重要的。所以我在每一章的开头，都准备了5道有关价值观反思的思考题，帮助父母在不需要很激烈地面对有关孩子的性议题时，有一个空间去理解自己对身体、性别、欲望和性的态度与观点。这些态度，日后会在不知不觉中传递给孩子。

第二部分是讲7～12岁的儿童性教育。7～12岁是孩子性发展的懵懂期，是孩子的好奇心贴近性本身的发展阶段，对应的是父母学习性知识与建构回应和处理孩子各种性问题的能力的时期，也是父母为孩子进入真正的性问题爆发的青春期做准备的重要时期。在孩子进入小学后，无论是自我的性探索，还是群体中的性议题，孩子的行为都越来越让没有准备好的父母胆战心惊。因此，我花了很多篇幅来帮助父母掌握基础的性教育方法，使他们与孩子之间能够建立可以谈性的亲子关系。

在对性教育相关知识的处理上，除了分享性教育的具体问题的处理方法，我在文章的结尾处大都附了一个“小知识”模块。这些小知识有的跟儿童心理发展有关，有的跟性发展知识有关，有的是养育的常识。做这样的编排，也是为了让使用这本书的读者对理解这个时期的孩子以及即将到来的青春期的性能够获得更大的视野。

这本书的内容，一方面依托于我的心理学知识，另一方面依托于性教育知识，但更多的是依托于我这些年来与孩子、家长的接触以及对具体事件的分析和理解。所以，对于本书的内容，请大家放心，我可以问心无愧地说：它是既专业又通俗，而且真正能够帮助每个家长和每个孩子的读物。

我在写作过程中，得到了各方面的支持——感谢我的家人，感谢我的朋友，感谢我的同事，感谢刘时飞先生以及本书的出版方。没有你们，就没有这本书的诞生。

最后，希望所有的家长都能轻松而正确地养育孩子，所有孩子都能健康快乐地长大。希望这本书能帮助更多的人。谢谢！